미식의 탄생

박수현 지음

미식의 탄생

초판 1쇄 발행   2026년 3월 31일

지은이   박수현
책임편집   정윤아
표지 디자인   김태욱
본문 디자인   김미영
펴낸곳   시소(SISO)

출판등록   2015년 01월 08일
이메일   siso@sisobooks.com
인스타그램   @sisobooks_official
카카오톡채널   출판사SISO

@박수현, 2026
정가   17,000원
ISBN   979-11-92377-40-7 (03920)

미식의 탄생

박수현 지음

프랑스 미식은 어떻게 인류의 유산이 되었나

siso

책을 펼치며

거리를 지나다니는 누군가에게 "미식의 나라는 어디인가?"라고 묻는다면 아마 십중팔구는 "프랑스"라고 답할 것이다. 그들에게 "그럼, 프랑스에서 음식을 먹어본 적이 있는가?" 하고 다시 묻는다면 어떻게 대답할까? 프랑스 여행 경험이 있다면 당연히 그렇다고 하겠지만, 프랑스에 가본 적은 없으나 프랑스 요리는 먹어봤다고 말할 수도 있고, 프랑스 음식은 먹어본 적 없지만 미식의 나라는 프랑스가 아니냐고 반문할 수도 있을 것이다. 그렇다면 왜 우리는 프랑스가 미식의 나라라고 생각하게 되었을까? 그리고 도대체 미식이라는 것은 무엇일까? 바로 이런 궁금증이 이 책을 쓰게 된 출발점이었다.

프랑스어 '가스트로노미*gastronomie*'를 번역한 '미식美食'이라는 글자에 담긴 뜻은 '맛 좋은 음식'이다. 그런데 '맛이 좋다'라는 것은 개인의 미각에 좌우되는 주관적인 감각이므로, 막연히 프랑스 음식이 맛 좋은 음식이라고 규정하는 것은 한계가 있어 보인다. 그렇다면 '미식'을 어떻게 정의해야 하는 것일까? 그 실마리는 아마도 2010년에 유네스코 인류무형문화 유산으로 등재된 '프랑스의 미식*Repas gastronomique des Français*'에서 찾아볼 수 있을 것이다. 유네스코는 '인류무형문화유산'을 "공동체, 집단 및 개인이 자신의 문화유산의 일부로 인식하는 관습, 표현, 지식 및 기술, 그리고 이와 관련된 전달 도구, 사물, 공예품 및 문화 공간"을 의미하며, 이를 통해 공동체나 집단이 환경에 대응하고 자연과 역사와 상호작용하면서 문화적 다양성과 인류의 창조성에 대한 존중을 증진하는 것이라 정의하고 있다.

이런 관점은 2015년에 등재된 우리나라의 '김장 문화'와 일본의 전통적인 음식 문화 '와쇼쿠和食'에서도 엿볼 수 있는데, 우리나라의 김치가 아니라 '김치를 담그고 나누는 문화'인 김장 문화가 선정된 것에서 알 수 있듯이 한국인은 공동 작업인 김장을 통해 작게는 가족 간에, 넓게는 지역 공동체에 나눔의 정신을 실천하고 사회 결속력을 다지는 것임을 유네스코가 인정한다는 뜻이다. 와쇼쿠 역시 요리 그 자체만이 아니라 "자연을 존중하는 일본인의 정신을 바탕으로 일본 식재료의 생산, 가공, 조리 및 식사와 관련된 기술, 지식, 관습과 전통을 모두 포괄하여 형성된 음식 관습으로 사계의 계절감과 영양의 균형을 갖춘 건강한 식생활이라는 일본만의 고유한 특징을 잘 보여주는 것"이라 평가했다. 이처럼 프랑스의 미식, 우리나라의 김장 문화, 일본의 와쇼쿠 모두 하나의 공동체에 속한 사람들이 그 땅에서 나고 자란 재료를 이용하여 음식을 함께 만들어 먹는다는 행위에 사회적 관계 형성이라는 바탕이 깔려 있고, 이것이 한 나라의 고유한 문화 형성에 지대한 영향을 끼친다는 것이다.

그러므로 프랑스의 미식이 유네스코 인류무형문화유산으로 선정되었다는 사실은 미식이 단순히 맛 좋은 음식을 뜻하는 것이 아님을 보여준다. "단체나 개인의 일생에서 중요한 순간, 즉 출생, 결혼, 생일, 기념일, 성공, 재회 등을 축하하기 위한 사회적 관습"으로서 프랑스 땅에서 생산되는 질 좋은 지역 농산물로 정성 들여 음식을 차리고 그에 어울리는 프랑스 포도주를 곁들여서 프랑스의 예법에 맞는 식탁 차림과 예절을 지키며 가족이나 지인들과의 화합을 도모하고 유대감을 강화하는 중요한 문화임을 의미하는 것이다. 다시 말해, 프랑스인에게 음식을 먹는 행위는 배고픔을 해소하기 위한 수단이나 맛집 탐방과 같은 취미 활동이 아니라, 맛있는 음식을 가교로 삼아 가족이나 지인과 함께 담소를 나누고 기쁨과 슬픔을 공유하며 행복한 삶을 영위하는 하나의 방식인 것이다. 그래서 프랑스의 미식 문화는 프랑스의 문화적 정체성을 상징한다고 할 수 있다. 코로나 팬데믹으로 전 세계가 빗장을 걸어 잠그고 외식을 금지하던 시절, 프랑스 주간지 『파리 마치』는 두 명의 요리사를 표지에 실으며 "레스토랑 없는 프랑스는 프랑스가 아니다"라는 표제를 달았는데, 이것은 프랑스인이라면 누구나 공감할 만한 말이었다.

이런 맥락에서 문화유산의 가치를 갖는 프랑스의 미식 문화에 대해 알아본다는 것은 프랑스의 역사적 흐름을 좇아서 정치적, 경제적, 사회적 변화의 물결을 감지하고 그 변화가 식생활에 어떤 영향을 끼쳤는지를 추적하는 일이 될 것이다. 또한 프랑스가 미식의 나라로 정립된 배경에 프랑스인들이 가진 음식에 대한 독특한 가치관이 어떤 작용을 하고 있는지를 파악하고, '미식의 나라 프랑스'라는 국가 브랜드 정착을 위해 프랑스 정부와 국민이 어떤 노력을 기울여 왔는지를 살펴보는 과정도 필요할 것이다.

그래서 『미식의 탄생』이라는 제목에 이끌려 맛있는 프랑스 요리의 화려한 사진과 요리비법이 소개될 것이라는 기대로 이 책을 펼쳤다면 실망할지도 모른다. 하지만 어떤 과정을 통해 프랑스라는 나라의 요리가 미식으로 인식되고, 프랑스의 문화를 상징하게 되었는지가 궁금하다면 꽤 흥미로운 책이 될 것으로 기대한다.

CONTENTS

미식의 나라,
프랑스의 시작

갈리아의 탄생

한 나라의 음식 문화가 어떻게 형성되어 왔는지 이야기하려면 그 나라의 시작이 언제부터인지를 알아보는 일이 먼저다. 우리가 알고 있는 프랑스라는 나라는 언제부터 시작되었을까? 프랑스 땅에 처음으로 사람이 살기 시작한 것은 기원전 180만 년 전에서 기원전 1만 년 전인 구석기 시대부터라고 알려져 있다. 정착 생활을 기준으로 삼는다면 기원전 600년경 그리스인들이 프랑스 남부의 항구도시 마르세유에 정착했고, 기원전 500년경에는 기후 조건의 악화로 남하하기 시작한 게르만족의 압박을 피하고 새로운 경작지를 찾을 목적으로 켈트족이 대대적으로 프랑스 땅으로 이주하게 되는데, 기원전 5~3세기가 되면 이들이 남부 지방을 제외한 프랑스 지역 전체를 지배하게 된다.

이 시기에 이탈리아반도를 통일한 로마인들은 점차 이 지역으로 세력을 확장하여 식민지를 건설한 후에 이 지역을 갈리아*Galia*라고 불렀

갈리아 지도

고, 기원전 121년에 로마는 지금의 프로방스에 해당하는 프랑스 남부까지 진출했다. 기원전 58년에 카이사르가 무력으로 나머지 지역을 정복하면서 갈리아 전체가 로마 제국 지배하에 들어가게 되는데, 로마인들이 이 지역으로 이주하여 곳곳에 로마식 도시들을 건설하면서 로마 문화는 급속도로 퍼졌다. 그러자 그 영향으로 갈리아 지역 사람들은 자신들의 정체성과 언어를 점차 잃고 로마식으로 변하게 되었고, 이렇게 로마식으로 바뀐 갈리아의 문화를 '갈로-로마 문화'라 부른다.

　카이사르가 직접 저술했다고 알려진 『갈리아 전기』에 등장하는 갈리아인은 주로 켈트인을 가리키고, 라틴어 지명인 갈리아는 프랑스어로는 골_{Gaule}이라서 프랑스인들은 자신들의 조상을 갈리아 사람을 뜻하는 골루아*Gaulois*라고 부른다. 고대에 골루아가 거주했던 지역은 현재 프랑스와 벨기에 일부, 독일과 북부 이탈리아 지역으로 매우 넓었고, 로마의 갈리아 지배는 486년 프랑크족에게 무너질 때까지 지속되었다.

로마인이 본 갈리아인의 식생활

　과거의 역사를 제대로 알아보려면 서술된 문헌이나 유적을 다양하게 참고하는 편이 좋겠지만, 켈트족은 기록을 남기지 않았으므로 그들에 관한 정보는 카이사르의 『갈리아 전기』에 전적으로 의지할 수밖에 없다. 카이사르에 의하면 갈리아 지방은 72개 민족과 400~500개의 부족, 그리고 많은 씨족으로 구성되어 있었고, 요새화 광장 오피둠을 중심으로 마을이 형성되어 있었다. 그들은 농경과 수렵, 목축을 중심으로 경제활동을 했는데, 특히 바퀴와 쟁기, 큰 낫을 이용하는 우수한 농업 기술을 보유했으며, 밀과 보리를 경작해 맥주를 제조하기도 했고 말과 양도 사육했다고 한다.

　그런데 이 『갈리아 전기』는 골족의 사료가 아니라, 그리스나 로마의 시각을 반영한 로마의 자료라는 점에서 한계가 있다. 객관적인 역사 기술이란 존재할 수 없는 법이니 음식 문화에 국한하더라도 어떤 식으로든 편향된 관점이 드러나기 마련이다. 어느 공동체든 자신들과 타자를 구분할 때 자신들의 생활 양식이나 관습은 정상이며 옳은 방식이고, 다른 공동체의 그것은 비정상적이며 틀렸다고 비판한다. 로마인들도 예외 없이 갈리아의 식사 방식을 보고는 야만적이라며 깎아내렸고, 자신들의 문화는 문명화된 것으로, 타자의 문화는 열등한 것으로 구분해 폄훼했다.

그렇다면 로마인에게 문명이란 무엇을 의미하는 것일까? 그리스인과 로마인들은 원상태 그대로의 자연을 높이 평가하지 않고, 키빌리타스*civilitas*의 반대 개념으로 보았다. 키빌리타스란, 도시를 뜻하는 키비타스*civitas*와 연관되어 자연과 구분되도록 인간이 만들어 낸 인공적 질서를 가리키는 개념이었다. 식량을 생산하는 이상적인 공간이란 질서 정연하게 경작된 도시 주변의 땅이지, 인간의 손길이 닿지 않거나 경작되지 않은 비생산적이고 미개한 땅이 아니었다. 그러니 문명인이 보기에 숲은 낙후된 공간이었고, 도시에서 추방당해 사회 공동체에 속하지 못한 사람들이 식량을 찾아 어쩔 수 없이 가야만 하는 곳이었다. 인간의 손길로 시간과 노력을 들여 생산하는 작물인 밀과 포도, 올리브는 그리스와 로마 경제의 주축이었고, 밀을 가공해 만드는 빵과 죽, 포도를 발효시킨 포도주, 올리브를 짜서 얻는 올리브유, 그리고 염소나 양을 길러 얻는 치즈와 약간의 육류를 곁들이는 것이 문명화된 이상적인 식사였다. 특히 호메로스가 인간을 '빵을 먹는 사람'으로 정의하고, 피

타고라스가 "온 세계는 빵으로부터 시작되었다"라고 말할 만큼 빵은 생산 과정 자체가 종합적인 문명의 상징이었다.

하지만 '야만인'의 생산 양식과 가치 체계는 딴판이었다. 사냥과 어로 작업으로 식량을 얻고 야생 과일을 따서 먹으며, 가축들을 숲에 자유롭게 방목해 놓고 사육했다. 그들에게는 빵이나 죽 대신 육류가 가장 중요했고, 암말의 젖, 야생 과일을 발효시킨 과실주나 맥주[1]를 마셨으며, 올리브유 대신 버터와 돼지기름으로 요리했다. 그러니 로마인의 눈에는 농사지어 수확한 밀로 만든 빵을 먹지 않으며 공들여 재배한 포도를 발효시킨 포도주를 마시지 않는 이들은 미개하고 야만적으로 보일 수밖에 없었다. 사냥과 채집은 사육, 농사와 대조되는 개념이었다.

흰 피부에 머리와 수염을 기르고 기골이 장대했으며 공격적이고 호전적이었다는 갈리아인에 대한 로마인의 묘사를 보면, 숲에서 야생동물을 사냥하며 살아가는 원초적인 생활 양식이 떠오르지만, 이들이 채집과 사냥에만 의존해서 살았던 것은 아니었다. 선사 시대에는 사냥이

---

[1] 게르만족 중 라인강변에 사는 사람들이 주로 마셨던 음료는 '보리나 다른 곡물을 발효시켜서 포도주와 비슷하게 만든 액체', 즉 라틴어로 맥주를 뜻하는 케르비시아(cervisia)였는데, 우리가 흔히 알고 있는 홉을 첨가해서 만들어 맑고 투명한 맥주와 달리 더 농축된 진한 음료였다. 케르비시아라는 단어는 로마신화에 나오는 대지의 여신 케레스에서 유래한 것으로 갈리아의 '세르부아즈'와 스페인어 '세르베사(cerveza)'에 그 흔적이 남아 있다. 당시 포도주는 로마 제국의 경계 지방에만 알려져 있었다.

생존 수단이었으나 갈리아 시대에는 사냥감이 풍부한 지역에서 말을 타고 사냥개를 몰며 사냥의 즐거움을 만끽하는 일은 갈리아 사람들의 여흥이자 일종의 사치 스포츠였다. 바다와 강, 호수와 저수지가 풍족했던 갈리아 지방에서는 낚시도 즐겼다. 대서양에서는 연어를, 지중해에서는 참치와 숭어를 낚아 올렸고, 모시조개, 홍합, 경단고둥, 성게, 게 등도 잡았으며 강에서는 온갖 종류의 민물고기를 얻었다. 덕분에 갈리아 전역에는 신선한 생선을 실어 나르는 무역이 발달했다.

식사량이 많았던 갈리아인에게 식량 보존은 무엇보다 중요한 일이었다. 그래서 그들은 각종 기술을 개발하고 유용한 도구들을 고안해 냈다. 40~120리터는 족히 담을 수 있는 튼튼한 나무통을 개발해 액체나 곡물을 보관했고, 곡물창고, 보관창고, 지하창고와 같은 시설과 각종 용기를 활용해 식량을 보존했다. 관개 기술을 효율적으로 이용하고 통풍로를 만들 줄 알았던 갈리아인은 여러 가족이 공동으로 사용하는 식량 저장소에 최소 1년 치의 식량을 보관했다. 이들은 고기를 보관하기 위해 흙을 구워 만든 커다란 토기에 염장하거나 햄이나 소시지 같은 육가공품으로 만들어 놓았는데, 로마인들이 갈리아 사람들을 육가공품 장인이라고 부르며, 갈리아식 고기 취급 방식을 배울 정도로 그 기술이 뛰어났다.

갈리아인은 로마에 정복당하기 전부터 훌륭한 농부라는 명성이 자자했다. 그들은 능숙하게 금속을 가공해 칼, 낫, 도끼, 괭이, 쟁기, 쇠스랑, 쟁기 등의 작업 도구를 만들었고, 땅에 비료 주기, 돌려짓기, 재배 조합 등의 농사방식을 활용하기도 했다. 그래서 곡물을 넉넉히 수확해 자급자족했을 뿐만 아니라 남은 분량은 수출도 할 수 있을 징도었다. 그들의 경제는 원칙적으로 식량 생산 위주였다. 농업은 밀과 보리, 수수와 귀리가 기본이었고, 완두콩, 잠두, 렌틸콩과 같은 콩과 식물, 그리고 삼, 아마, 양귀비, 평지와 같은 기름을 함유한 식물들도 재배했다. 또한 양파, 양배추, 무, 아메리카 방풍, 마늘, 당근, 쐐기풀 등도 길러서 샐러드, 수프로 만들거나 국물에 넣어 먹었다.

갈리아인은 뛰어난 농사꾼이었지만 자두, 사과, 산딸기 같은 야생과일과 까치밥나무 열매, 개암 열매, 도토리 등의 야생 열매도 채집했다. 그들은 그리스와 로마인들이 보기에는 이상할 정도로 동물 사육을 중시했는데, 갈리아인에게 동물이란 고기를 얻는 수단이자 농업에 활용하거나 이동 수단으로도 사용하는 필수 요소였기 때문이다. 그들은 소, 돼지, 양과 염소를 키워서 고기를 얻었고, 소젖으로는 치즈와 버터를 만들었으며, 가금류는 먹기 위해서보다는 알을 얻으려고 키웠다. 소는 수레도 끌어주었고, 말은 훌륭한 이동 수단이었을뿐더러 전쟁에서 위세를 과시하는 유용한 수단이 되어 주었다.

갈리아의 대표적인 음료는 맥주의 일종인 세르부아즈*cervoise*였는데, 그들은 밀보다 전분이 더 많은 보리로 만든 맥주를 선호했고, 특히 꿀로 향을 가미하기도 했다. 보리로 양조한 쿠르미, 밀로 양조한 세르베시아, 꿀을 가미한 밀 맥주 코르마 등 여러 종류의 맥주를 제조했으며, 여성들은 맥주 거품을 화장품으로 사용하기도 했다. 갈리아에는 야생 포도도 있었고, 그리스의 영향을 받아 기원전 7세기부터 포도를 재배했으나 포도주는 거의 마시지 않았다. 로마인들은 포도주에 물을 타서 마셨지만, 갈리아 사람들은 마시더라도 물을 타지 않았고 포도주에 장미나 사프란으로 색을 내거나 쑥이나 후추 혹은 꿀을 넣어 즐겼다.

먹고 마시며 만들어지는 권력

그리스와 로마인들은 갈리아인의 엄청난 식사량을 보고 놀라워했다. 그들의 눈에 갈리아인은 어마어마하게 먹고 음주를 과도하게 즐기는 사람들로 보였다. 갈리아인은 보통 벤치에 앉아서 납작한 빵과 치즈, 돼지고기와 양고기를 실컷 먹고, 세르부아즈를 들이켰다. 절제가 최고의 미덕이었던 그리스-로마 문화와 달리 갈리아 문화에서는 대식가를 긍정적으로 보고 폭식과 폭음은 동물적인 우월성을 가늠하는 자질이라 여겼는데, 그 이유는 대식에 정치적이고 종교적인 기능이 작동하고 있었기 때문이다.

우리는 흔히 갈리아 사람이라고 통칭하지만, 이들은 자율적으로 체제를 운영하는 72개 민족과 수백 개의 부족과 씨족으로 구성된 일종의 연합 공동체였다. 게다가 각 종족은 여러 부족으로 분리되고 부족은 또 여러 가족으로 분할되어 있어서, 각 지역은 하나의 부족이 다스리는 자치적인 정치 체제를 구성했으므로 사실상 갈리아 전체의 결속력은 약할 수밖에 없었다. 그래서 이들은 매년 공식적인 회합을 개최해 잠재되어 있는 갈등 요소들을 미리 예방하고 침입자에게 공동으로 대항할 수 있는 방안을 마련했다. 합동 군대를 창설하고, 각종 규칙을 정하거나 전투 소환을 거부하는 반항자에게는 엄격한 징벌법을 시행하기로 하는 등의 협약을 맺었다.

이런 목적의 회합에는 연회가 무엇보다 중요했다. 정치적 논의를 하기 위해 여러 종족을 몇 주 동안 한곳에 머물게 해야 했기 때문에, 그 기간 동안 음식을 풍족하게 대접하는 일은 주최자의 중요한 의무였다. 회합을 개최하는 부족의 지도자는 자신이 제공할 수 있는 최대한의 음식과 음료를 푸짐하게 내놓아 영향력을 과시하면서 다른 부족들에게 신뢰를 주어야 했다. 그들은 돼지고기, 양고기, 염소 고기, 개고기 등으로 다 먹을 수 없을 만큼 풍성하게 차려진 식탁에 앉아 음식을 즐기고, 때로는 기마 창 시합과 결투로 힘을 겨루면서 동맹 관계를 굳건히 다졌다. 먹고 마시며 기분 전환을 하는 동시에 끊임없이 힘과 연대 관계를 재정립하면서 각 부족 간의 상대적인 지위를 공고히 했다. 지도자급 부족장은 다른 부족의 지지를 확보하는 대신 그들에게 지속적인 보호를 보장해야 할 의무가 있었기 때문이다.

낭비라고 생각될 만큼 음식을 쌓아놓고 먹는 이들의 연회는 로마인이 보기에는 야만적이고 미개했겠지만, 사실 함께 먹는 행위에 정치·사회적 의미를 부여했다는 점에서는 공통적이다. 로마인에게 문명화된 연회란 '각종 규칙을 지키며 함께 먹는 것'을 뜻하는 '콘비비움 *convivium*', 다시 말해 '함께 살아가는 것*cum vivere*'이었나. 길리아인과 로미인 모두에게 공동의 식탁에 둘러앉아 연회에 참가한다는 것은 단일화의 상징이었고, 식탁에서 배제되어 따로 먹는 것은 도태했음을 의미했다. 함께 식탁에 앉는 것은 사회적 융합과 단일화를 위한 유용한 도구였을 뿐 아니라 분리와 배제의 수단이기도 했다. 그래서 연회에 참석할 수 있느냐 없느냐는 아주 중요한 문제가 되었고, 이런 사상은 서구 사회에 강하게 남게 되었다. 대표적으로 가톨릭에서 파문과 제명을 뜻하는 영어 단어 excommunication이 함께 식사하지 못하는 벌로 표현되는 것만 봐도 그렇다.

하나가 되었음을 표방하는 연회는 단합을 과시하는 기회이기도 하지만 사회적 지위를 확인하는 자리이기도 했다. 어떤 연회이든지 간에 제공되는 음식의 품질이나 접대 순서 등은 참석자의 지위에 따라 결정되었다. 각자의 계급과 서로의 권력관계가 드러나는 연회는 지위가 높은 자는 자신의 사회적 우월성을 과시하는 장이, 지위가 낮은 자는 복종이나 치욕을 체감하는 장이 되는 것이다.

로마의 지배가 식탁을 바꾸었다

갈리아인은 수적으로 우세했는데도 불구하고 기원전 52년에 카이사르가 이끄는 로마군에 패배하면서 갈리아는 완전히 로마의 속국이 된다. 200년간 '로마의 평화*Pax Romana*'를 구가했던 로마는 제국 안에 살고 있는 여러 민족의 다양성을 인정하면서 제국의 단일성을 유지하는 정책을 폈고, 새롭게 제국의 구성원이 된 피정복민에게 로마의 이점을 누릴 수 있는 권한을 부여하는 방식으로 통합시켜 나갔다.

로마인들은 방대한 제국의 속주를 통치하기 위해서는 제국에 충성하는 지역의 중개자가 필요하다는 사실을 잘 알고 있었고, 212년에 카라칼라 황제는 칙령을 내려 제국 내의 모든 자유민에게 시민권을 부여했다. 그러자 속주의 지도층이 기꺼이 로마의 생활 양식을 받아들이면서 갈로-로마의 귀족 계층이 만들어졌고, 갈리아의 언어와 정체성은 로마의 문화와 융합되어 갈로-로마 문화로 형성되면서 전 계층에 스며들었다. 갈리아의 고유 종교였던 드루이드교는 잔인한 인신 공양을 한다는 이유로 폐지되고 기독교가 유입되었다. 이런 식으로 갈리아 사회가 로마 문화에 완전히 동화되면서, 로마의 가치 척도에 맞춘 생활 양식의 차등화가 신분상의 차별을 표시하는 것으로 바뀌었다. 어떤 의미로 보면, 제국에 갈리아를 통합시킨다는 것은 로마와 갈리아 사이의 연결고리 역할을 하는 갈로-로마 귀족층을 탄생시켜서 갈리아의 평민들을 로마식으로 엄격하게 통제하고자 하는 전략이었다.

식생활도 예외가 될 수는 없었다. 남부 지방에서는 올리브 나무와 무화과를 재배하고 포도주를 마시면서 식사 방식도 점차 로마식으로 바뀌었다. 상류층은 밀과 보리로 만든 걸쭉한 죽과 끓이거나 구운 고기를 먹는 대신에 로마식으로 커다란 둥근 빵, 양념한 고기, 치즈와 해산물을 먹기 시작했으며 민중과 차별화하는 방식을 선택했다. 가축의 사육과 소비 방식도 바뀌었는데, 전통적으로 염소를 선호했던 갈리아인과 달리 갈로-로마인들은 로마인처럼 소를 우월하게 취급했다. 그런데 소는 식량보다는 농사와 각종 집안일에 꼭 필요한 노동력을 제공해 주는 동물이었고, 따라서 육류 위주의 식생활도 변화될 수밖에 없었다. 과거 유목민이었던 갈리아인은 봄과 여름에는 광활한 토지에서 자라는 싱싱한 풀이, 겨울에는 비축 사료가 필요한 덩치 큰 소를 사육하는 대신, 황무지에 방목해 놓고 수확 후에 남은 짚을 먹이는 것만으로 충분했던 양과 염소를 선호했던 까닭에 사육 동물의 크기가 줄어있었던 상황이었다. 그래서 로마식을 따르려면 로마에서 동물들을 수입해서 키워야 했는데, 이 동물들은 크기가 훨씬 컸다. 갈리아의 작은 동물은 가정에서 도살해 처리할 수 있었지만, 사육 동물이 커지면서 도살과 절단 방식은 물론 요리 방식도 바뀌어야 했고, 로마 동물은 로마식으로 먹을 수밖에 없었다. 이제 로마처럼 육류는 도시의 정육점에서 손질한 덩어리 고기를 사서 스튜 형태로 조리하기 시작하면서 갈리아의 야생적인 향토 동물들은 더 이상 먹거리의 대상이 되지 못했다.

도살 대상도 바뀌어서 새끼는 도살에서 제외되었다. 동물 사육의 목적이 양모나 가죽, 노동력을 얻는 것이 우선이지 식육용 고기 생산이 아니었기 때문이다. 짐수레를 끌어야 하는 소는 힘센 어른이 되도록 키웠고 나이가 들고 힘이 빠져 짐수레를 끌 수 없을 때가 되어서야 먹었다. 이처럼 다목적으로 쓸만한 동물을 선호하면서 다용도로 쓸모없는 동물은 퇴출당했고, 추위를 막아주는 양모를 생산하는 중요한 가축인 양과 달리, 젖과 고기를 먹는 것 외에 딱히 쓸모가 없었던 염소는 점차 줄어들게 되었다. 돼지는 오로지 고기를 얻기 위해 키우는 동물이었고, 도시 지역에서 소비되는 육류의 절반은 돼지고기가 차지했다. 식습관이 로마식으로 바뀌면서 소비하는 육류는 약간의 야생동물 외에는 거의 사육으로 얻었고, 끓여서 죽을 만드는 밀 대신 빵의 재료가 될 수 있는 품종의 밀을 재배하는 것으로 대체되었다.

다시 숲과 들판으로

로마 황제 테오도루스 1세가 사망한 395년에 로마 제국은 동로마 제국과 서로마 제국으로 분할되었다. 얼마 후에는 로마 제국의 변방을 떠돌며 무리 지어 살던 고트족, 반달족, 프랑크족 같은 게르만족이 훈족을 피해 서쪽 국경 내부로 도망쳐 오면서 서로마 제국이 크게 흔들렸다. 결국 476년에 서로마 제국이 멸망하자 게르만족이 활개를 쳤고, 그중에는 당시 갈리아를 점령하고 있던 프랑크족이 있었다. 여러 부족으로 나뉘어 있던 프랑크족 중에서 살리족과 리푸아리족이 주축이었고, 그들이 거주하던 땅을 프랑키아*Francia*라고 불렀는데, 여기에서 프랑스*France*라는 국명이 유래한다. 살리족은 다시 여러 족장이 이끄는 집단들로 나뉘었고, 그중에 프랑스의 첫 번째 왕조인 메로빙_{메로베우스, 메로빙거} 왕조 사람들이 있었다.

그들의 식생활은 어땠을까? 유목민이었던 그들은 가축을 사육하기 위해 목초지를 찾아 이동하며 우유, 치즈, 고기를 주로 먹고 살았다. 그들은 사육 육류는 물론 야생 고기를 엄청나게 먹었고 맥주도 많이 마셨다. 메로빙 왕조에서는 고기를 포식하고 돼지기름을 먹어야 대접받았다. 로마 방식을 따랐던 갈로-로마인들은 여자와 아이들, 노예와는 겸상하지 않았으나 메로빙 사람들은 사각대 위에 판자를 올려 만든 식탁에 모두 앉아 함께 식사했다. 그러니 갈로-로마 귀족들의 눈에는 이들이 꽤 야만적이고 이교도적으로 보였을 것이다.

본디 농업을 기본으로 삼지 않았던 프랑크족은 주로 들판에서 사육한 가축과 사냥, 채집으로 식량을 마련했다. 메로빙 왕조 시대에 귀족들은 숲에서 사슴이나 멧돼지를 사냥했으며, 농부들은 올가미나 덫을 놓아 산토끼와 새를 잡고 강과 바다에서 생선을 낚아 먹었다. 로마 점령 이전에 갈리아에 살았던 켈트족은 채소를 선호하지 않았지만, 갈로-로마인들과 프랑크족은 아스파라거스, 비트, 리크, 겨울 양배추, 순무, 당근 등을 열심히 길렀고, 셀러리, 고수, 딜, 나르드, 생강, 녹색 올리브즙을 사용해 고기에 맛을 더하기도 했다. 프랑크족은 로마인들이 꺼렸던 마늘, 양파, 샬롯도 사용했고, 잘 익어 달콤해진 사과, 배, 자두, 복숭아를 즐겨 먹었으나 딱딱하고 신 과일은 건강에 아주 해롭다고 여겼다. 베리 종류는 야생에서 따거나 밭에서 길렀고, 아몬드, 밤, 무화과도 먹었다.

메로빙 왕조 사람들은 빵, 올리브유, 포도주를 중시했던 갈로-로마인과 달리 육류, 곡물, 우유와 버터, 세르부아즈를 즐겼다. 이들도 육가 공품을 좋아해서 양념이 가미된 소시지, 돼지머리, 염장이나 훈연한 돼지 어깨 고기를 곡물, 채소, 콩류 등과 함께 끓여 먹었고, 거위, 닭, 공작, 꿩과 같은 가금류도 풍족하게 먹었다. 메로빙 사람들은 염소와 산양의 우유와 치즈도 많이 먹었고, 올리브유 대신 버터와 돼지기름을 사용했다.

상류층은 품질 좋은 밀로 만든 둥글고 흰 빵을 먹었지만, 배를 채우는 것이 먼저였던 농민들은 품질보다는 양이 중요했다. 그래서 품질은 떨어지지만, 호밀, 스펠트 밀, 메밀, 귀리, 보리, 수수, 기장과 같은 수확량이 많은 곡식을 키웠고, 남부지방에서는 보리와 조를 먹었다. 고운 밀가루로 만든 흰 빵은 최상류층의 전유물이었으므로, 대다수 상류층은 밀과 호밀을 혼합해서 만든 빵을 먹었고, 때로는 아마, 아니스, 카라웨이, 양귀비 등을 넣어 빵을 만들기도 했다. 630년에 다고베르 1세가 곡물은 반드시 지역 군주가 보유한 공동 방아에서 사용료를 내고 빻아야 한다는 법령을 만들자, 농민들은 공동 방아와 화로를 사용하지 않아도 만들 수 있는 음식을 먹는 방법을 택했다. 그들은 삶은 고기와 곡물로 만든 포타주나 응고시킨 우유를 먹었다.

메로빙 사람들은 순무, 잠두, 무, 강낭콩, 제비콩, 이집트콩, 호박, 양배추, 당근 등 다양한 채소를 길렀는데, 과수원을 소유한 귀족들은 사과, 배, 체리, 프룬, 무화과, 호두, 아몬드, 포도 등을 재배했고, 민중은

야생에서 과일을 따서 먹었다. 메로빙의 요리는 향기로운 식용 허브를
향신료로 사용했고 꿀을 섞어 소스를 만들었다. 포도나무를 많이 심었
던 메로빙 사람들은 갈로-로마인만큼이나 포도주를 좋아했는데, 특히
향신료를 넣은 포도주를 좋아했고, 빻은 보리나 귀리로 만든 세르부아
즈도 많이 마셨으며 홉으로 맥주 제조를 시작하기도 했다.

문명과 야만을 가른 기독교의 식탁

메로빙 왕조를 건국한 클로비스 1세는 496년[2] 성탄절에 랭스 성당에서 부하 3천 명과 함께 집단 세례를 받고 기독교로 개종했다. 로마 제국의 보호를 받던 기독교는 서로마 제국이 패망하면서 이를 대체할 다른 강력한 힘을 찾고 있었고, 프랑크 왕국을 선택한다. 클로비스 1세 역시 개종을 통해 이단을 신봉하는 다른 프랑크 군주들과 전략적으로 차별화될 수 있다고 판단했고, 결과적으로 개종하면서 고트족과의 전투에서 갈로-로마 귀족들의 지원을 받을 수 있었을 뿐만 아니라 아리우스파를 신봉하는 게르만족을 물리친 공로로 교회의 절대적인 지지를 확보하며 대외적으로 프랑크 왕국의 위상을 높일 수 있었다.

지배층이 개종한 뒤에도 민중은 여전히 토속 종교와 생활 양식을 고

---

[2] 클로비스 세례식이 거행된 연도에 대해서는 496년에서 506년까지 의견이 분분하다.

랭스 주교 성 레미지오에게
세례받는 클로비스 1세
성 자일스, <클로비스의 세례>,
1500년경

수하며 살아갔다. 순수하고 신실한 신앙심을 바탕으로 약속의 땅이 된 서프랑크의 왕에게는 아직 이교도로 남아 있는 백성에게 복음을 전파해야 할 책무가 주어졌다. 그 과정에서 식생활은 중요한 수단 가운데 하나였다. 경건, 참회, 회개라는 기독교 정신이 반영된 식사법을 준수하라고 가르쳤고, 식탁이 기독교화되면서 이교도 숭배 금지, 금식일 존중, 사순절 금식 등을 철저하게 지키도록 장려되었다. 특히 교회의 관점에서, 이교도의 신에게 바쳐진 고기를 먹는 행위는 이교도의 종교를 사실상 인정하는 것이라 여겨져 육류 소비를 엄격히 금지했다. 6~9세기에는 '극도로 불결하여 결코 먹어서는 안 된다'고 규정한 7가지 금기 유형이 있었는데, 대부분은 동물들의 특정 신체 부위나 상태와 관련된 것들이라 결과적으로 육류 전반에 대한 섭취를 제한하는 것과 다름없었다.

기독교 달력에 따르면 음식을 절제해야 하는 날이 많았다. 고기, 계란, 동물의 지방, 유제품 섭취를 금하는 금식일뿐 아니라, 사순절, 4계절의 시작을 알리는 주의 수요일, 금요일, 토요일, 종교 축일 전날 밤 등 각종 기념일에 맞춰 1년에 100~200일 동안은 포도주도 마실 수 없었다. 13세기까지 금식 기간에는 원칙적으로는 하루에 한 번 해가 진 후의 식사만이 허용될 정도여서, 하루 4번 먹는 것이 일상이었던 사람들은 금기사항을 무릅쓰고 교회가 추잡하고 야만적이라며 비방하던 음식을 몰래 먹기도 했고, 육류를 정당하게 먹기 위해서 염장한 고기는 오염물질이 정화되고 고기 자체의 원죄도 사해진다는 묘안을 궁리해 내기도 했다.

이처럼 기독교의 영향력은 막강했으나 식생활의 변화가 하루아침에 일어날 수는 없었다. 고대에서 중세로 이행하는 과정이라 할 수 있는 이 시기에 독실한 가톨릭 신자이자 프랑크 왕국의 카롤링 왕조 2대 왕인 샤를마뉴도 기독교적 규범에 따라 하루 한 차례, 오후에 식사를 했다. 그러나 그는 엄청난 대식가였으며 전사의 힘과 특권, 그리고 남성성을 상징하는 구운 고기가 반드시 포함된 다섯 가지 요리를 먹었다고 전해진다. 하지만 기독교 정신을 반영한 식생활을 따라야 했던 서프랑크 국민은 점차 육식과 버터와 우유, 세르부아즈를 버리고 빵과 포도주, 그리고 각종 채소 위주의 음식을 택해야 했다.

민중의 식사량은 여전히 많았으나 다양성은 점차 줄어들면서 식단이 단조로워졌다. 식사는 빵이 중심이 되어 포도주와 약간의 채소나 과일을 곁들이는 식으로 바뀌어서, 아침에는 빵 조각을 포도주에 적셔 먹고 저녁에는 채소나 육수에 빵 조각을 넣고 끓인 수프를 먹었다. 빵에 곁들이는 음식으로는 밭에서 기른 양배추, 양파, 순무, 시금치나 렌틸콩, 잠두, 병아리콩 혹은 산이나 들에서 채집한 야생 과일과 도토리, 호두 또는 민들레나 버섯, 때로는 달팽이도 먹었지만, 고기 소비는 점차 줄어들었다.

여기에는 예외가 있었는데 바로 돼지고기였다. 돼지는 오로지 고기를 얻기 위해 사육했으므로 봄부터 가을까지 정성 들여 키우고 초겨울에 잡아 신선한 고기를 먹었고, 남은 고기는 염장해 놓고 1년 내내 먹었다. 빵은 보리, 호밀, 귀리로 반죽해 집에서 구워 먹었고, 물레방아와 화덕 사용료가 부과되기 시작하면서 빵보다는 곡물가루를 넣어 걸쭉하게 쑨 죽이 민중의 주식이 되었다.

한편 교회의 시각에서 보면 야생은 악마와 이교도의 영역이었다. 유목민인 프랑크족은 갈로-로마 방식에 따라서 농업 위주의 식생활을 추구했으나 부족한 경작지와 사육 동물을 보충하는 수단으로 대규모 수렵과 사냥을 허용했으므로 다양한 먹거리를 충분히 섭취할 수 있었다. 하지만 교회가 수렵과 사냥, 채집이 행해지는 숲과 광야와 늪지를 악마의 땅이라고 단언한 이상, 식량을 구하기 위해 숲과 광야를 다니는 일은 기독교도에게는 야만적인 일이 되어버렸다. '올바르게 먹는다는 것*bon mangeur*'은 하느님의 뜻에 순응하여 육식을 멀리하고 빵과 채소 위주로 소박하게 먹으면서 절제하고 참회하는 식단을 가리켰기 때문이다. 또한 맥주는 로마적이지도 기독교적이지도 않은 이교도의 음료로써 야만적이었고, 교회의 장녀가 된 프랑스에서 성찬례의 음료인 포도주는 프랑스를 더욱 프랑스답게 만들어주는 문명화되고 성스러운 음료로 여겨졌다.

과거 고기를 먹고 우유를 마시는 갈리아인을 지칭했던 야만과 미개는 이제 숲과 늪지 혹은 황야에서 먹거리를 찾아 소소하게 사냥과 채집을 하며 맥주를 마시는 자를 가리키는 말이 되었다. 새로운 식사 관행은 빵을 먹느냐의 여부와 상관없이 권력을 가진 상류층은 문명의 편으로, 부족한 밀과 곡식을 사냥과 채집으로 보충할 수밖에 없는 민중은 야만의 편으로 구분해버렸다. 교회는 검소함을 장려하면서 국민에게 탐식을 죄악시하도록 종용했고, 결국 민중의 식생활 전통을 억압하는 결과를 가져왔다. 독실한 기독교도로 사는 일은 상류층에게는 욕망을 잠시 참는 일이었겠지만, 민중에게는 비참하고 불행한 삶을 참고 견디며 살아가는 것이 되었다.

Chapter 2

중세 시대의 식탁 풍경

만들어진 질서, 흔들리는 사회

중세는 대체로 서로마 제국이 멸망한 5세기경부터 14~15세기 르네상스 운동이 시작된 근대 이전의 기간을 일컫는다. 이 시기에 서유럽은 로마가 구축해 놓은 기존의 해외 무역망이 붕괴하면서 점점 더 고립되었고, 결과적으로 농장을 기반으로 하는 농촌 사회로 생활 범위가 국한되어 자급자족 경제체제로 이행된다. 그렇게 되니 먼 곳의 왕이나 국가보다는 지척에 있는 지역 권력자를 향한 충성이 중요해졌고 자연스럽게 영주제로 옮아가면서 서서히 친족, 촌락, 교구와 같은 사회 기반이 만들어지고 각종 조직이 정비되어 중세 사회의 위계적인 봉건 구조가 구축되었다.

위계나 질서를 뜻하는 라틴어 오르도*ordo*는 신의 창조 계획에 따라 인간은 제각기 '기도하는 자들', '싸우는 자들', '일하는 자들' 중 하나의 직분을 부여받았으므로 각자 자기가 맡은 임무를 성실히 수행하고 서로 협력하면서 질서 있는 사회를 구축해야 한다는 뜻이다. 중세인들은 10세기까지도 이슬람, 바이킹, 마자르족 등의 외세의 침입이 끊이지 않는 위협 속에서 살아가야 했다. 이러한 상황 속에서 봉건제라는 새로운 정치·군사적 체제가 자생적으로 형성되었고 무력을 장악한 '싸우는 자들'이 사회 지배층으로 떠올랐다. 전사들은 군주에게 충성 서약을 하는 대가로 상당한 토지를 보상받았고, 그 토지를 이용해 이익을 창출했는데, 이들은 봉토에 대한 배타적 지배권을 보장받고 예속된 농민들에 대해서는 영주로서 권한을 행사했다.

이와 같이 봉건제의 본질인 복종과 보호, 충성심과 결속의 관계는 왕부터 농민까지 사회 전반을 지배했고, 귀족 10%, 농노 90% 비율로 구성된 사회적 계급 간에는 의식주는 물론 교육과 직업 면에서도 확연한 차이가 있었다. 교육, 직업, 이동의 자유가 없었기 때문에 계급 상승의 길은 원천적으로 봉쇄되었고, 사법권은 영주가 장악하고 있었기에 농노는 억울한 일이 있어도 하소연할 수가 없었으며, 교회에서는 분수대로 살아야 한다고 가르쳤다. 중세 도시는 규모가 작았고 주민도 수천 명에 불과했으며 지역을 연결하는 도로망이 제대로 갖춰지지 않아 여행이나 교역은 드문 일이었다. 자급자족형 경제 단위인 장원에서 경작지를 제공하는 영주와 노동력을 제공하는 농노는 철저하게 주종관계가 될 수밖에 없었다.

중세 전성기인 11~14세기에 프랑스의 봉건왕조는 왕권 강화를 목적으로 재정 수입원을 안정적으로 확보하고 충실한 관료조직을 구성하여 중앙집권적 국가를 구축하기 위해서 여러 제도적인 장치와 사상을 만들어 가고 있었다. 987년에 시작된 카페왕조는 1328년까지 유지되었는데, 카페왕조의 초창기 왕권은 파리를 중심으로 한 일부 지역에 국한되어 미약했으나, 점차 중앙집권 체제가 공고해졌다.

생활이 안정되기 위해서는 정치적인 것도 중요하지만, 무엇보다 경제적 측면이 뒷받침되어야 한다. 사회가 안정되면 인구가 증가하고 노동력도 향상되는데, 노동력이 늘면 농지가 확대되고 생산량이 늘어 인구가 증가하는 선순환이 일어난다. 10세기 무렵에는 농업 혁명이라 불릴 만한 큰 변화가 있었는데, 쟁기가 토질에 맞게 개량[3]되어 과거에는 경작할 수 없었던 토지를 개간할 수 있었고, 기존의 2포제 대신 3포제[4]를 시행하면서 재배 작물의 생산성이 늘었다. 생산량이 늘어나니 인구

---

3) 중세 농업 혁명을 구체화한 도구는 새로운 형태의 쟁기였는데, 과거부터 사용되던 긁는 쟁기(scratch plow)는 사실상 무거운 막대기에 지나지 않아 흙이 부슬부슬한 지역에서는 무리 없이 움직였지만, 북부의 축축한 토양에서는 효율적이지 못했다. 그런데 슬라브족이 도입한 새로운 보습 쟁기(moldboard plow)는 지표면을 긁는 것이 아니라 흙을 깊이 파낼 수 있었고, 이 덕분에 북부의 점토를 쉽게 파헤칠 수 있게 되어 처녀지였던 광대한 지역을 경작하고 삼림을 제거하며 황무지를 개간하는 일이 가능해졌다.

4) 3포제란 경작지의 3분의 1은 휴경지로, 3분의 1은 가을에 파종해서 다음 해 여름에 수확하는 추경지로, 나머지 3분의 1은 봄에 파종해서 가을에 수확하는 춘경지로 활용하는 농법이다. 3부 윤작은 처음에는 밀이나 호밀을 연말에 심고, 다음에는 봄에 완두콩, 이집트콩, 렌즈콩, 누에콩, 귀리나 보리를 재배하고, 마지막에는 그냥 놀려둔다. 이 방식을 통해 2년 중 1년간만 생산하는 대신에 3년 중 2년간 수확을 올릴 수 있었다.

가 증가했고, 이에 새로운 농지 개발이 촉진되면서 11세기 동안에 유럽 각지에서 황무지와 숲이 경작지로 바뀌었다. 농업 생산성이 향상되면서 소비하고 남은 작물을 내다 파는 지역 시장도 활력을 띠었다.

침체했던 원거리 무역은 10세기부터 활성화되었다. 남부 지중해, 북부 발트해와 북해를 중심으로 이탈리아의 항구도시들은 이슬람과 비잔티움 제국을 대상으로 거래했고, 이탈리아 상인들은 아시아에서 수입된 후추와 생강, 향신료, 비단 등의 사치품을 서유럽 시장에 판매하는 중개 무역으로 큰 이윤을 챙겼다.

상업이 활성화되면서 기존 도시들은 활력을 되찾고 새로운 도시들도 생겨났으며, 성직자, 귀족, 농노로 구성된 중세의 신분 사회에 상인이라는 계층이 새롭게 등장했다. 상업과 수공업이 중심인 도시에서 상인들은 자신들의 권익을 보호하기 위해 조합(길드)을 결성했는데, 11세기경부터 나타난 이 상인 조합은 사업 독점권을 확보하여 공동의 이익과 안전을 도모하는 데 주안점을 두었다. 또한 동일 업종마다 수공업 조합도 조직되어 생산에서 판매에 이르는 과정을 철저히 통제하며, 동업자 간의 경쟁을 배제하고 다른 도시의 수공업자들과의 경쟁으로부터 구성원들을 보호했다.

중세 서유럽 사회에서 도시가 발전된 것은 주목할 만한 상황이지만, 여전히 주된 생산 활동은 농업이었으므로 이슬람이나 중국에 비하면 서유럽의 도시는 여전히 초라한 수준이었다. 11~12세기에 도시 인구는 전체 서유럽 인구의 5퍼센트 정도밖에 되지 않았고 도시 규모도 작았다. 가장 규모가 컸던 이탈리아 피렌체와 베네치아의 인구가 10만 명 정도였으니 대다수 중세 유럽 도시는 여전히 농촌에 가까웠다고 볼 수 있다.

1300년경에 나타난 저온 현상은 농업에 심각한 영향을 미쳤다. 밀이 제대로 성장하지 않았고 포도에는 곰팡이가 슬어 포도주 제조가 불가능해졌으며, 때때로 맥각균이나 녹병균이 유행해서 밀 농사를 망쳐버렸다. 식량난으로 굶주린 사람들은 음식을 구걸하다가 죽어갔고, 겨우 살아남은 사람들도 영양실조로 기력이 쇠약해져 질병에 쉽게 노출되었다. 곡물 가격이 급등하자 가난한 도시 서민과 농촌의 빈농은 생계유지조차 힘들어졌다. 서민층의 경제적 쇠락으로 공산품 수요가 하락하자 수공업 분야의 활동이 위축되면서 경제 전반에 불황이 드리워졌다. 이런 상황에서 계급 간의 긴장이 고조되며 갈등이 분출되기 시작했고, 귀족에 대항하는 농민 반란이 농촌과 도시를 가리지 않고 수시로 발생했다.

여러 차례 반복된 위기 속에서 영양 상태는 부실해지고 신체는 허약해졌을뿐더러 위생 환경도 점차 열악해졌다. 이러한 상황에서 1348년에 벼룩에 물린 쥐 떼가 땅과 바다를 오가며 순식간에 페스트를 퍼뜨리자, 채 2년도 되지 않아 유럽 인구의 3분의 1인 2천5백만 명이 목숨을 잃었다. 그 여파로 유럽 인구는 이후 100년 동안 급격히 줄어들었다. 반면 유럽을 휩쓴 흑사병으로 인구가 줄어들자 오히려 1인당 이용할 수 있는 동물 개체수는 상대적으로 늘었다. 대략 16세기 전반까지 목장과 목초지가 확대되고 기축 사육을 전문화하면서 육류 판매가 늘어나니 도시의 시장에서 고기를 쉽게 구할 수 있었고 상류층의 전유물이었던 육류 소비가 하층민까지 확대될 수 있었다.

중세 말의 이러한 사회적 변혁은 결국 체제 붕괴를 초래하는 실마리가 되었다. 봉건귀족 중심의 질서 체제가 더 이상 작동하지 않고 가톨릭교회가 주도하는 정신 문화도 크게 흔들리는 결과를 낳으면서 여러 변화가 일어난 것이다. 인구가 줄자 노동력과 경작지가 감소했고, 영주가 자신의 토지를 경작하려면 농노에게 더 나은 조건을 제시해야만 노동력을 확보할 수 있게 되어 농민들은 더 이상 영주에게 예속된 농노로 살 필요가 없어졌다. 더불어 기사 계급인 영주들의 정치적 권력도 약화하면서, 국왕이 중심이 되어 전국을 통치하는 절대주의 국가가 탄생하는 발판이 마련된다. 종교는 페스트 창궐이라는 극단적 위기 상황에서 중심이 되어 주어야 했으나 적절한 역할을 하지 못하고 사회 혼란만 가중했다. 가톨릭교회는 중세 내내 이단에 시달리면서 통합성을 잃었고 종교개혁을 거치면서 신교와 구교의 대립이 격화되었다. 그러자 종교에 매몰되어 있던 다른 요소들이 독자적으로 성장할 길이 열리고 새로운 문화와 예술, 과학의 발전이 가능해지면서 르네상스로 개화하게 된다.

금식을 지키며 살아남는 법

　중세의 교회는 단순한 종교 이상으로 사회 전체에 영향력을 행사하고 일상생활 전반을 지배했다. 교회는 각종 죄와 벌에 관한 교훈과 교리를 내세워 행동 준칙과 규범을 규율하고, 고해성사를 통해 양심을 검열하는 등 일상생활을 규제하고 간섭했다. 뿐만 아니라, 윤리적 권위와 사법권을 행사하여 이단을 단죄하고 사회적 일탈 행위나 집단을 규정해서 공동체에서 축출하는 방식으로 개인과 사회를 통제하고자 했다.

　엄격한 유대교의 음식 규율을 이어받은 기독교는 금식일을 정하고 이를 철저히 지키도록 종용했다. 단식은 그리스도가 악마의 유혹을 물리치면서 황야를 떠도는 40일 동안 먹지도 마시지도 않았다는 성서의 기록에 기초해 독실한 신앙심을 드러내는 기본적인 교리인데, 초기에 금식은 수도사를 중심으로 시행되었고 신도들에게는 권장 사항이었지만, 점차 선민의 기준이 되면서 자연스럽게 금욕과 금식으로 몸을 정결히 해야 하는 금식일에는 저녁 무렵의 한 끼 식사만이 허용되었다. 그런데 세월이 흐르면서 금식일이 점차 늘어서 결국에는 1년의 절반가량이 금식일이 되었고, 사순질 기간에는 달걀, 치즈까지도 금지되었다.

이렇게까지 금식을 지켜야 하는 이유에 대해서는 여러 가지로 설명되고 있는데, 순수한 참회라는 주장도 있으나 육식이 전통적으로 동물을 제물로 바쳤던 토속신앙을 연상시키고 성적 욕구를 자극하는 데 반해 채식은 평화적인 고대 그리스 철학의 전통을 계승하므로 권장한다는 주장이 설득력 있게 받아들여진다. 그런데 교회가 금식일 규정을 강화할수록 철저하게 규정을 따르기란 쉬운 일이 아니었다. 특히 몸이 허약한 노인이나 병자에게는 이러한 규제가 더욱 힘겨웠다. 교회는 생선을 권장하지도 금지하지도 않은 채 암묵적으로 용인했는데, 그러면서 생선은 금식일에 먹을 수 있는 최고의 음식이 되었다. 이로써 금식일에 어떤 음식이 허용될 수 있는지를 둘러싼 논쟁은 중세인들의 중요한 관심사로 떠올랐다.

그러다 보니 사람들은 기독교 교리를 위반하지 않고 먹기 위해서 온갖 기발한 방법을 고안해 냈다. 독일의 어느 수도원에서는 물에 사는 오리는 어류에 가깝다는 해석을 내리고 사순절 기간에 오리고기를 먹었다. 또 다른 수도원에서는 "하나님이 이르시되 물들은 생물을 번성하게 하라, 땅 위 하늘의 궁창에는 새가 날으라 하시고"라는 창세기 1

비버 꼬리를 물고기로 표현한 중세 그림, 1480년경

장 20절을 근거로 삼아서 생선과 새는 같은 종류라고 주장하며 새를 먹었다는 얘기도 전해진다. 생선의 정의를 고래나 흑기러기 등의 수생 동물이나 반수생 동물까지 확장하는 편법도 썼고, 일부 수도사들은 사슴, 닭, 비버 등을 일부러 우물에 던져 넣어 물밑으로 가라앉으면 어류에 속하는 것이라 우기며 먹기도 했다. 이처럼 수도사들의 자의적 해석이 도를 넘자, 15세기 초에 콘스탄츠 공의회는 물속에 사는 것만 진짜 생선으로 규정했고, 예외로 비버와 수달을 어류로 분류하여 먹을 수 있도록 허용했다.

그런데 생선은 바다나 강, 호수 근처에 사는 사람을 제외하고는 쉽게 먹을 수 있는 식품이 아니었기에, 12세기까지도 프랑스에서 생선은 사치품에 속했다. 운반과 수송 시설이 미비해서 쉽게 상했으므로 신선한 생선을 소비할 수 있는 계층은 일부 상류층에 국한되었다. 일반인들은 염장, 건조, 훈제 혹은 기름에 보존 처리된 생선을 먹었다. 14~15세기에는 청어가 인기를 끌었는데, 파리의 부유한 사람들은 소금과 짚으로 덮어 가공한 민물 청어를 먹었고 대중들은 염장하거나 훈연한 청어를 먹었다. 중세 말에 청어 수요가 늘어나면서 유럽 전역에서 대규모 생선 가공업이 성장했고, 덕분에 프랑스 서부지방의 소금 생산도 증가했다. 생선은 모두가 즐겨 먹은 음식이었지만, 굴과 가리비는 가난한 사람들의 몫이어서 조개 줍기는 가난의 상징이었다.

귀하고 천한 음식으로 세상을 나누다

중세 사람들은 오늘날의 우리가 보기에는 이해할 수 없는 사고방식을 가지고 있었다. 바로 음식에는 위계가 있다고 보는 사상과 체액 이론이다. 이러한 생각은 식재료 선택부터 조리 방법까지 음식 문화 전반을 지배했고, 나아가 사회적 위계를 공고히 하는 수단으로 이용되기도 했다.

음식의 위계

그리스인들은 은하수의 밝은 빛 가운데 인간의 고향이 있다고 믿었고, 로마인들도 사람이 죽으면 영혼이 육체에서 분리되어 우주로 가고 우주로 간 영혼은 다시 돌아오지 못한다고 생각했다. 3세기에는 플라톤의 이데아론에 당대의 세계관과 우주관을 결합한 신플라톤주의 철학이 성행했는데 이 사상을 대표하는 철학자가 플로티노스*Plotinos*이다.

그는 모든 것의 통합체인 절대적 근원으로서의 실재가 있으며, 그 속에 제1의 위치에 해당하는 일자*the One*, 거기에서 최초로 파생하는 누스*Nous*(정신*mind*)가 있고, 여기에서 다시 세상에 존재하는 개별체의 프시케*Psyche*(영혼*soul*)가 파생된다고 보았다. 또한 인간의 영혼은 보편적인 영혼과 개인적인 영혼으로 나뉘고, 개인적 영혼에는 세 가지 형태가 있어서, 가장 낮은 단계는 육체와 관련된 감각적이고 동물적인 영혼이고, 중간 단계는 논리적이고 이성적인 영혼으로 인간을 다른 동물과 구별 짓는 것이며, 가장 고차원적 형태의 영혼은 자기의 개체성을 유지한 채 누스와 하나 될 수 있는 능력을 지닌 초인간적 영혼이라고 했다.

이와 같은 플로티노스 철학은 중세 기독교 교리 확립에 큰 영향을 끼쳤다. 후기 로마 제국 시대 이후로 기독교인들은 하늘로 올라갈수록 완벽한 세계가 펼쳐진다고 생각했고, 이러한 천상 지향적 사고 체계는 일상에서 먹는 음식에도 위계를 만들어 냈다. 그들은 동물이나 식물의 가치는 하늘과의 거리에 따라서 결정된다고 믿으면서, 동식물들의 수직적이고 위계적인 연쇄 고리, 이른바 '존재의 대사슬*La grande chaîne des êtres*'을 창안했다. 이 이론에 의하면 불, 공기, 물, 흙의 순서로 가치가 매겨지고, 피조물의 위계질서도 인간, 동물, 식물 순으로 구축되어 있다. 이 이론에 따라 하늘에서 가장 멀리 떨어진 땅에서 생산되는 것은 가장 낮은 계층에 속하므로 채소는 제일 천박한 음식이었다. 채소 안에서도 위계가 나뉘었는데, 땅속에서 자라는 마늘이나 양파 같은 구근식물이 가장 아래에, 그리고 무, 당근 같은 뿌리식물이 그 위에, 다음으로 시금치와 같이 뿌리에서 잎사귀가 나오는 채소들이 자리했고, 맨 위에는 잎사귀가 줄기에서 나오는 배추나 완두콩 같은 채소가 놓였다. 이러한 인식 속에서 채소는 고귀한 신분인 귀족은 먹어서는 안 되는 천한 음식으로 치부되었다. 그래서 신대륙에서 감자가 들어왔을 때 땅속에서 자라는 식물이니 최하급이라고 꺼리며 푸대접하는 바람에 유럽에 전파된 지 300년이 흐를 때까지도 환영받지 못하다가 18세기 말 식량 위기에 처하고서야 비로소 본격적으로 감자를 재배하게 된 것이다.

반면에 관목이나 나무에서 자라는 과일은 채소보다 상위 품목이었다. 귀족들이 먹을 수 있는 음식이었고 큰 나무일수록 과일의 가치 또한 올라간다고 생각했다. 특히 복숭아는 최고로 평가되었는데 귀족들은 정원의 복숭아를 지키기 위해 경비병을 세우거나 덫을 놓을 정도였다. 그러나 밤은 나무에서 자라지만 흔해서 일반인들도 쉽게 먹을 수 있다는 이유로 상위 품목에 속하지 못했다. 중세인들은 이와 같이 자신들이 설정한 식물의 위계가 과학적으로도 매우 타당하다고 생각했다. 하늘로 높이 솟아 있는 식물일수록 소화 흡수가 잘 이루어진다고 여겼으며, 식물의 풍미는 뿌리에서 가장 떨어지고 뿌리에서 멀어질수록 적당한 맛이 우러난다고 믿었다.

포유류 역시 복잡하게 계층화되어 있었다. 당연히 하늘에서 나는 새가 최고로 대접받았는데 거기에서도 높게 나는 새와 날지 못하는 새

존재의 대사슬을 표현한 그림, 1578년

등으로 구분해 꿩, 자고새 등이 최고의 지위를 차지했다. 그 외에도 정육점 고기보다는 사냥감이, 암소보다는 수소가 상위에 속한다고 생각했다. 뜨겁고 건조한 열로 조리하면 신에게 가까워진다고 여겨 구이 방식에서도 직화를 최고로 쳤고 다음이 꼬치구이, 간접적으로 끓이는 것이 맨 아래라고 순위를 매겼다.

이런 식으로 위계화된 먹거리는 계층의 차이를 공고히 하는 근거로 작동했고, 의학과 종교 또한 이를 뒷받침했다. 중세 의학서들은 지위와 신분에 맞춰 음식을 먹어야 하므로 고귀한 성품을 타고난 귀족이 신분에 맞지 않게 하층민들의 수프를 먹으면 소화불량에 걸린다고 주장했다. 반대로 하층민들은 위가 거칠어서 귀족들이 먹는 섬세한 음식을 소화할 수 없다고 가르쳤다. 빵을 만드는 데에는 밀이 가장 적합하지만, 힘든 노동을 하는 일꾼들은 저급한 곡물로 만든 빵이 어울리고, 신분에 맞지 않는 음식을 먹으면 통증과 질병에 시달린다고 생각했다. 게다가 성직자들은 아담의 원죄를 물려받은 인간은 힘든 노동과 추위와 배고픔을 감내해야 비로소 원죄를 갚을 수 있으며, 농민들이 배고픈 것은 하느님이 내린 운명이니 순응하고 따르라고 설교했다.

먹을 것이라고는 빵과 채소, 약간의 고기가 전부였던 농민들은 채집과 밀렵으로 부족한 식사량을 충당하려 했다. 그들은 개방된 숲에서 산토끼 같은 작은 동물들을 잡아서 영양을 보충했고, 소작농들은 소와 양을 길러 우유와 치즈를 얻었다. 중세 초기에 산림과 목초지는 부족한 식량을 채워 주는 소중한 장소였다. 그런데 게르만족에게 토지란 정치·사회적 성공을 나타내는 징표였고 숲에서의 탐험과 사냥 활동은 사회적 특권을 뜻했다. 일찍이 메로빙 왕조의 다고베르트 왕은 648년에 왕실 숲에서 사냥을 금지하는 법을 제정하기도 했는데, 영어로 숲을 뜻하는 포레스트*forest*가 '왕의 숲'을 뜻하는 포레스템 실밤*forestem silvam*이나 '담으로 둘러친 금지구역'이라는 뜻의 포리스*foris*에서 유래했다는 것만 봐도 사냥에 어떤 의미가 숨어 있는지를 알 수 있다. 사냥법 위반죄는 시대와 법률에 따라 달랐으나 샤를마뉴 대제 때에는 덫으로 산토끼 한 마리를 잡으면 소 60마리에 해당하는 벌금을 부과할 정도였고 공작, 꿩, 오리, 비둘기, 까치, 갈까마귀, 찌르레기는 절대로 잡아서는 안 되는 사냥 금지 동물이었다. 사냥세를 내는 조건으로 작은 사냥감들은 잡을 수 있었지만, 큰 짐승이나 꿩, 공작과 같은 고급 사냥감은 영주의 식탁에만 올려지는 품목이었다.

이처럼 사냥감을 상류층이 독점한 이유는 사냥이란 귀족의 전유물이므로 그 전리품에 대해 긍지와 애착을 갖는 것이 당연하고, 야생 사냥물은 자유롭게 살아가므로 역시나 태생적으로 자유롭고 고귀한 귀족의 이미지에 어울린다고 생각했기 때문이다. 사냥하는 왕의 이미지가 두드러지면서 권력층에게 숲과 야생은 고상한 사냥의 영역이라는 상징적 의미가 고착되었는데, 농지 확장을 위해 대규모로 숲이 벌목되고 면적이 점점 줄면서 사냥과 방목을 위한 땅은 더욱더 권력자들의 전유물이 된다. 중세 말에 이르면 사유화된 숲에서 작은 사냥감을 제외한 사냥과 채집이 금지[5]되면서 농민들의 식사는 점점 더 곡물, 콩류, 그리고 채소로 한정된다.

체액 이론

중세를 지배한 또 다른 사상으로는 체액 이론이 있다. 이는 신체의 원활한 움직임과 적절한 치료를 위해서는 네 가지 액체가 필요하다는 주장인데 그리스의 히포크라테스가 제창하고 2세기경 갈레노스에 의해 정립된 학설이다. 중세 의학을 지배한 이 이론은 음식과 의학을 연관 지어 올바르게 음식을 섭취하여 4체액의 균형을 맞춰야만 건강이 유지될 수 있다는 논리로 르네상스 때까지 영향을 미쳤다.

체액 이론에 따르면 우리 몸을 구성하는 혈액, 점액, 황담즙, 흑담즙의 4체액은 각각 사계절과 공기, 물, 불, 흙의 네 가지 원소에 대응하고, 그 비율에 따라 다혈질, 점액질, 담즙질, 우울질이 결정되는데, 이 네 가지 체액의 균형이 맞으면 건강하지만, 하나라도 부족하거나 과잉되

---

5) 이러한 제약에 대해 오랫동안 불만을 가졌던 농민들은 결국 1789년에 귀족들에게만 큰 동물 사냥을 허락하고 농민들에게는 야생 토끼 사냥만을 허용한다는 루이 16세의 사냥법이 새겨진 동상을 파괴했고, 1790년에는 누구나 사냥할 수 있게 해달라고 요구하는 반란을 일으켰다. 그 결과 모두에게 사냥을 허용하는 새로운 사냥법이 제정되면서 프랑스에서는 무차별적 사냥이 시작되었고, 19세기 중엽부터는 사냥세를 내기만 하면 누구나 사냥을 할 수 있게 되었다.

1569년 화가 베케라르의 작품 <4원소> 연작. 왼쪽 위부터 시계 방향으로 공기, 물, 불, 흙을 묘사하면서, 거기에 맞춰 식재료를 그려 놓았다.

면 질병이 발생한다고 믿었다. 그러므로 증상과 반대되는 성질의 음식을 먹어 균형을 회복시키는 것이 중요한데, 다혈질이라면 열과 습기를 끌어오는 가금류를 먹는 것이 좋고, 뇌와 혀는 차고 습하므로 후추나 생강, 계피 같은 덥고 마른 향신료로 중화하며, 식초가 기본이 된 소스에는 겨자나 마늘, 운향과 같은 더운 성질의 향신료를 곁들이는 것이 좋다는 식이다. 체액 이론의 관점에서 보면 중세 요리에 다양하게 사용된 향신료는 체액 균형을 맞추기 위해 다른 성질을 가진 재료를 섞어 사용하는 방식이라고 해석할 수 있다.

또한 조리 방법도 체액 균형을 맞추기 위해 선택되었다. 차갑고 습기가 많은 생선은 맵고 건조한 소스로 양념해서 직접 화덕에 굽거나 튀기는 것이 좋고, 소고기는 건조하고 차가우므로 물에 넣고 삶아야 하며, 습한 성질의 돼지고기는 불 위나 화덕에 넣어 바싹 구워야 한다. 차갑고 날것인 고기에는 뜨겁고 매운 소스를 곁들이는 것이 좋으나, 존재의 대사슬 최상위 존재인 가금류에는 백포도주, 사과즙 식초, 생강, 정향을 섞어 만든 소스로도 충분하다고 생각했다. 체액 이론은 음식의 질감에도 영향을 미쳤는데, 중세 요리에 재료를 다지거나 저미는 방법을 많이 사용한 것은 체액들이 잘 섞여 소화 작용을 쉽게 하기 위해서는 이런 방식이 좋다고 믿었기 때문이었다.

중세에 여러 소스를 활용한 것 또한 그런 이유로, 차고 습한 고기를 후추나 여러 향신료를 넣은 뜨거운 양념인 소스와 조합해 조리하여 음식의 불균형을 의학적으로 교정해야 한다고 생각했다. 그래서 뜨겁고 건조한 고기는 반대 성질인 차갑고 습한 소스와 같이 먹어야 한다는 원칙에 따라, 육계를 주성분으로 하고 생강, 정향, 육두구 등을 넣은 습한 기운의 카멜린 소스를 구운 연어나 송어를 따뜻하게 만들어 주는 용도로 사용했고, 따뜻하고 건조한 재료인 파슬리와 생강, 정향, 카르다몸 등으로 만든 그린 소스는 차고 습한 창꼬치나 가자미에 적합하다고 했다. 상류층은 채소와 과일도 생으로 먹지 않고 소스를 활용해 조리했는데, 파이로 굽거나 꿀에 재서 먹었고 일부 채소만을 포타주 형태도 섭취했다. 그 결과 비타민 C와 섬유질이 심각할 정도로 부족해서 충치와 피부병, 괴혈병, 구루병과 같은 질병이 만연했다.

중세의 요리법

중세 요리는 대체로 다섯 종류로 구분할 수 있는데, 우선 굽거나 삶아서 간단하게 조리하는 육류 요리, 두 번째는 파테_pâté_나 투르트_tourte_ 같은 음식, 세 번째는 모트루스_mortrews(mortis)_나 프루멘티_frumenty(fromentée)_ 같은 걸쭉한 혼합물, 네 번째는 얇게 썬 고기나 생선에 향료가 든 부드러운 소스를 끼얹은 브레웨트_brewet_, 마지막으로 빵조각이나 고기 조각을 넣고 끓인 죽인 포타주_potage_가 있었다.

육류는 주로 돼지고기, 양고기, 소고기, 사슴, 멧돼지 등을 먹었으며, 굽기, 끓이기, 튀기기, 석쇠 구위 위주로 요리했고, 냄비를 화로 위에 걸어 놓고 그 안에서 고기를 끓이고 꼬챙이에 고기와 닭을 꽂아 구웠다. 생고기를 그대로 굽거나 삶아서 먹기도 했으나 대부분은 포도주와 식초, 겨자나 각종 향신료를 섞어 요리해 먹었고, 달걀노른자와 빵가루와 간을 으깨 섞기도 했다. 중세인은 새끼를 먹는 것을 꺼렸기 때문에 대부분 노쇠한 동물의 고기를 먹었는데, 질기고 맛도 떨어져서 각종 향신료나 신 과즙을 넣어 그 맛을 보완했다. 닭이나 거위는 구워

클라스, <공작 투르트가 있는 정물>, 1627년

서 간 아몬드와 생강, 포도주, 우유에 빵을 넣어 걸쭉하게 만든 노란 소스를 뿌려 먹었고, 꿩과 자고새는 구워서 잘게 썬 후 빵가루나 치즈, 흰 생강, 달걀을 넣은 국물을 부어 먹었으며, 금식일에 대비해 건조, 훈제, 염장한 생선은 포도주와 후추를 넣고 끓인 국물을 사용했다. 또한 껍질을 벗긴 밀과 아몬드 우유로 만든 프루멘티, 찢은 닭고기를 아몬드 우유에 삶은 쌀과 섞어서 설탕이나 소금으로 간을 한 후 걸쭉할 때까지 끓인 블라망저, 흰 살코기나 생선을 삶아 으깬 뒤 빵가루, 국물, 달걀을 넣어 섞은 후 뻑뻑하게 끓여낸 다음 후추와 생강을 뿌린 모트루스 같은 것들도 즐겨 먹었다.

중세 요리 중 특징적인 것은 길쭉한 모양의 파테와 둥근 모양의 투르트다. 이는 고기나 생선, 치즈나 달걀, 각종 채소를 켜켜이 쌓거나 혹은 다지고 섞어서 만든 속을 빵 껍질로 싸서 구운 파이 형식의 요리로, 13세기 중엽쯤에는 유럽 요리의 전형이 된다. 이후에 내용물을 담는 그릇에 불과하던 빵 껍질을 바삭하게 만드는 반죽 기술이 개발되면서 껍질까지 먹을 수 있게 되자, 더욱 다양한 파테와 투르트가 만들어진다. 파이 형식의 요리가 유행한 것은 훌륭한 요리란 재료가 무엇인지 즉각적으로 식별할 수 없어야 한다고 생각했던 중세인의 사고방식에 기인한다. 눈으로 봐서는 채소인지 고기나 생선인지를 알 수 없도록 향신료와 색을 이용해 조리했고, 썰거나 다져서 외관을 바꾸거나 동물이나 가금류 혹은 사람의 모습으로 형상화한 요리로 만들기도 했다. 다양한 파테와 투르트는 주로 코스 요리 사이에 먹는 앙트르메*entremets*로 제공되었다.

음료로는 포도주가 보편적이었지만, 사회계층에 따라 마시는 포도주에는 차이가 있었다. 14세기경에는 보르도와 부르고뉴 지방의 포도주가 최상급으로 평가되면서 귀족과 부르주아 식탁의 필수품이 되었다. 당시 사람들은 백포도주와 옅은 적색이나 분홍색 적포도주인 클라레*claret*는 상류층의 몫이고, 진한 붉은색 적포도주는 하층민에게 적합하다고 굳게 믿었다. 북유럽인들은 맥주나 에일, 사과주를 즐겨 마셨다.

상류층은 갓 수확하거나 잡은 신선한 식자재를 확보할 수 있었으나,

겨울에는 동물을 건강하게 사육하기가 힘들었기 때문에 대부분은 저장식품에 의존할 수밖에 없었다. 충분한 양의 사료를 비축할 수 없어서 동물들에게 왕겨와 밀짚, 마른 식물 줄기만 먹일 수밖에 없는 겨울이 되면 젊고 강인한 동물 외에는 살아남기 힘들었고, 그래서 농부들은 늦가을이면 봄과 여름에 농사일을 돕던 동물들을 투기업자들에게 팔거나 노쇠해 노동력이 떨어진 동물들은 도살하여 고기를 확보해 놓았다. 겨울 초입에 들어서면 동물을 도살한 후에 염장하거나 건조하여 보관할 고기를 챙겨놓고, 마지막으로 한동안은 먹지 못할 신선한 고기 잔치를 거나하게 벌였다.

보관 방법으로는 염장법과 건조법이 대표적이었다. 소금에 절이는 방법으로는 고기나 생선에 굵은소금을 뿌려 재워두는 건염법*dry-curing*과 진한 농도의 소금물에 담그는 염수법*brine-curing*이 있었다. 중세의 소금은 덩어리여서 소금을 곱게 만들어 건염법을 시행하려면 노동력이 상당히 많이 필요해 전담 하인을 두고 있는 상류층 가정이 아니라면 이 방식을 택하기가 어려웠다. 언뜻 판단하면 염장용으로는 저급품 고기를 골랐을 거라고 생각되겠지만, 고기 보관을 위해 후추나 정향 같은 재료를 더하지 않고 소금으로만 절이더라도 원재료의 40퍼센트 이상의 비용이 추가되었으므로 저장용으로는 오히려 좋은 품질의 고기가 선택되었다. 가장 많이 소비된 고기는 돼지고기로, 훈제하여 햄이나 베이컨을 만들거나 염장해서 높이 매달아 놓았다.

사순절 기간에 먹을 생선으로는 청어가 선호되었다. '바다의 밀'이라 불렸던 청어는 14~15세기에 발트해와 북해에 풍부했으나 지방질이 많아 매우 빨리 산패되었으므로 즉시 소금에 절어 보관해야 했다. 16세기부터는 내장을 빼고 켜켜이 소금을 넣어서 큰 통에 빽빽하게 쟁이는 보존법이 개발되면서 1년 내내 청어를 먹을 수 있었다. 생선 저장용으로는 건조법도 많이 이용되었다. 청어 같은 지방질이 많은 생선 외에 기름기가 적은 대구 종류는 말려서 보관했다. 당시 뱀장어는 제일 좋은 생선으로 대접받았고, 연어, 송어, 매기, 잉어, 고등어, 멸치 등도 소비되었으며 연안에 아주 흔했던 고래도 먹었다. 겨울에 먹을 채소들도 소금을 뿌려 단지에 보관했고 버섯이나 과일은 말려 두었다.

염장 고기 요리에는 염분을 흡수하여 짠맛을 중화시키는 부재료를 곁들이는 방법이 널리 사용되었다. 오늘날에는 주로 감자를 이용하지만, 중세에는 마른 완두나 콩, 빵가루, 전곡 등을 썼는데, 상류층은 여기에 더해 각종 향신료나 과일, 부드러운 소스를 활용해 짠맛을 완화했다. 신선한 고기나 사냥물 구이에는 이런 부수적인 재료보다는 향신료를 넣은 소스들을 곁들였다. 소스는 신선한 고기와 염장 고기 모두에 광범위하게 사용되었고, 생강과 사프란을 넣은 노란 소스와 녹색 소스, 카멜린 소스가 인기였는데, 14세기 파리에는 소스 제조업자가 있어서 기성품 소스도 살 수 있었다고 한다. 건어물에는 겨자나 식초를 뿌려 풍미를 더했고, 상류층은 말린 생선에 향신료를 넣은 소스를 얹거나 각종 과일 혼합물을 곁들였다. 한 가지 예를 들면, 사순절용 만두 요리법은 무화과를 에일에 넣어서 부드러워질 때까지 끓인 후 으깨고, 거기에 아몬드, 배, 대추야자와 함께 물에 담가두었던 대구를 넣고 으깨서 반죽을 만든 후에 밀가루를 뿌리고 튀김옷이나 페이스트리를 입혀 튀기는 방식이었다.

여러 자료에 따르면 지역별로 선호하는 요리법이 달랐다고 한다. 이탈리아와 영국에서 인기 있었던 과일을 곁힌 요리는 프랑스에서는 거의 언급되지 않았고 프랑스 내에서도 남쪽과 북쪽의 조리 방식에는 차이가 있었다. 북부 프랑스에서는 고기나 생선을 갈거나 통째로 넣고 아몬드 우유를 첨가한 국물인 브루에*brouet*를 중시했고, 남부에서는 석류와 레몬을 많이 사용했다. 버터 위주[6]의 북부와 달리 남부는 기름을 주로 썼으며, 생강, 후추, 박하, 사프란 등의 향신료를 북쪽 지방보다 더 많이 사용했다. 상류층은 조리용 기름으로 올리브유를 주로 썼지만, 가난한 사람들은 호두유, 아마유, 대마유, 카멜리나유 등을 사용했고, 평소에는 돼지비계를 쓰다가 금식일에만 저급 식용유를 사용했다.

음식의 위계와 체액 이론의 기본 전제는 음식은 각자의 자질에 따라 먹어야 하고, 그 자질이란 나이, 성, 기질 등은 물론이고 사회적 신분에

---

6) 버터는 15세기 말까지 금식일에 먹을 수 없는 음식이었으므로, 버터 소비는 한정적이었다.

따라서도 결정되어 있다는 것이다. 이는 결국 지배 계급인 상류층이 음식을 하류층과 차별화하는 수단으로 선택하고, 먹을 수 있는 음식과 먹어서는 안 되는 음식 구분을 갖가지 의학적 지식으로 포장한 뒤에 타당하고 합리적인 논리라고 규범화하려 했음을 보여준다. 과거에 야만과 문명의 구분이 대체로 음식의 종류와 양적인 측면을 기준으로 삼았다면, 이제는 음식과 조리 방식의 선택은 개인의 취향이 아니라 사회적 위계에 맞춰 정해진 규범이라는 잣대로 설명되기 시작한 것이다. 이 모든 것은 '자질'이라는 모호한 개념으로 정당화되는데, 값비싸고 정교한 음식을 먹을 수 있는 사람의 위장과 거칠고 조잡한 음식을 먹을 수 있는 사람의 위장은 태생부터 다르다는 논리였다. 최하층 빈민은 신 포도주나 눅눅한 빵, 썩은 과일을 먹어도 아무 탈이 없고, 상류층은 평민의 수프만 먹어도 큰일이 난다는 것이다.

색깔

중세에는 음식 색깔도 중시해서 시각적인 즐거움을 주는 것은 물론 사회적 신분을 과시하는 효과도 있다고 생각했다. 흰색은 순수함, 녹색은 풍요로움을 상징하고, 검은색은 힘, 노란색은 지혜, 금색과 은색은 사치와 호화로움을 뜻했다. 음식에 흰색을 내기 위해서는 빵이나 아몬드를 이용했고, 초록색은 시금치즙이나 파, 참소리쟁이, 파슬리 등으로 표현했다. 포도나 체리를 이용해 분홍색을 얻었고, 블랙베리와 오디는 진남색이나 자주색으로 물들일 때 사용했다. 노란색은 사프란이나 강황 혹은 난황으로, 붉은색은 해바라기나 아르칸나 뿌리에서, 검은색은 빵을 태워 이용했다. 사냥 고기는 힘과 권력의 상징이므로 검정으로 물들였고 다른 고기들은 장밋빛이나 붉은색으로 표현했다. 먹는 맛이 아니라 보는 맛이 중요했으므로, 시대별로 유행하는 색도 달랐다. 14세기에는 노란색과 초록색, 갈색과 적황색 순으로 인기였고, 15세기에는 낙원의 색이라 여겼던 황금색이 최고였다.

그러면 왜 이렇게 음식에 색깔을 입히려 했을까? 이슬람 지역으로 원정을 떠났던 십자군들이 이슬람 요리를 경험하면서 유럽에는 거의 알려지지 않았던 설탕, 아몬드, 피스타치오, 쌀, 대추야자 열매, 감귤류 과일들, 석류, 시금치 등의 새로운 재료들이 유럽에 소개되었고 이슬람의 전통적인 영양학의 영향도 받았기 때문이다. 이슬람의 전통 의학에 의하면 빛깔이 있거나 향내가 짙은 음식에는 의학적 효과가 있고 음식을 노랗게 물들이면 황금처럼 고결하게 변한다고 믿었다. 그들은 생명 연장의 돌인 황금처럼 노란 사프란으로 색을 냈는데, 이 영향을 받은 중세 유럽인도 황금과 영생을 갈망하며 음식을 황금처럼 보이도록 만들었다.

특히 중동에서 들어온 아몬드는 유럽에서 크게 환영받았다. 아몬드를 갈아서 우유와 섞어 굳히거나, 간 아몬드를 물에 담가둔 후 치대어 물이 우유처럼 진해지게 만든 아몬드 우유는 아주 인기였다. 아몬드 우유는 모든 동물성 음식이 금지되는 사순절에도 맛있게 먹을 수 있는 음식이었을 뿐만 아니라, 남들에게 내놓고 자랑할 만한 품목이었다. 완전식품으로 알려진 아몬드는 체액 이론으로 봐도 균형이 잘 맞는 음식인 데다 삼키기도 쉽고 소화도 잘되었다. 더구나 섬세하고 세련된 흰색이라 상류층에 어울린다고 생각했는데, 덥고 건조한 지방에서 자라는 아몬드는 북유럽에서는 상당히 고가였고, 아몬드 우유는 비싼 아몬드를 일일이 갈아서 만들어야 했으므로 노동력이 많이 필요한 고비용 음식이었기 때문이다.

색깔 요리를 좋아했던 것은 유럽 전역이 비슷했지만, 선호하는 색은 나라마다 달랐다. 영국이나 독일은 노란색, 붉은색 등 다채로운 색을 좋아했으나, 프랑스는 흰색 음식을 유난히 좋아했는데, 흰색은 순수함과 평화의 상징일 뿐 아니라 가톨릭의 유일한 장녀라 자부했던 프랑스를 상징하는 백합과 같은 색이라는 이유에서였다. 프랑스인들은 흰살생선, 가금류, 쌀, 아몬드, 설탕 등의 흰색 재료들을 이용하여 음식을 만들었고 식탁보와 냅킨도 흰색을 선호했다. 중세에 유행했던 녹색 소스도 프랑스에서는 흰색 음식의 인기를 넘지 못했다.

향신료

중세의 요리는 아주 시고 향신료가 강한 맛을 추구했다. 신맛이 난 것은 덜 익은 포도나 야생 사과 또는 까치밥나무에서 추출한 즙에 빵이나 난황을 넣어 뻑뻑하게 만든 소스를 온갖 음식에 양념으로 사용했기 때문이다. 신맛을 선호한 중세인들은 당연히 적포도주보다 더 시큼한 백포도주를 좋아했고, 남부 프랑스와 스페인 등지에서는 레몬과 신 오렌지에서 향미료를 추출해 요리에 이용하기도 했다. 중세 요리의 강한 맛은 향신료에서 비롯되었는데, 전문가들에 따르면 사용된 향신료의 종류만 해도 200가지가 넘었다고 한다. 향신료는 처음에는 의학 논문에 등장하는 정도였으나 점차 음식에 쓰이기 시작했다. 프랑스는 9~10세기에 생강, 계피, 정향 등에 관심을 가지기 시작했는데, 11세기 말부터 시작된 십자군 원정으로 향신료가 더 많이 유입되면서 유럽에 수요가 탄탄히 형성되었다.

유럽인들은 어떤 이유로 향신료에 매료되었을까? 여러 원인을 손꼽을 수 있겠지만, 언뜻 떠올리는 것은 제대로 된 냉장 시설이 없었던 중세에 상한 고기의 냄새를 감추기 위한 수단일 거라고 짐작하는 것이다. 그렇지만 그것은 부차적인 이유에 불과하다. 당일 도축한 고기와 사냥 당일에 즉시 먹는 사냥감, 직접 잡은 생선 등 신선한 식료품을 충분히 확보할 수 있었던 상류층에서 향신료를 더 많이 썼기 때문이다. 게다가 향신료는 가격이 무척 비쌌기 때문에 향신료 구매가 가능했던 계층은 상류층뿐이었다. 또한 각종 요리책을 보면 향신료는 요리 후에 넣는 것이었으므로 보관용으로 썼다는 주장은 이치에 맞지 않는다.

그렇다면 그 이유는 무엇일까? 어느 연구자는 이슬람 입맛이 수입되었기 때문이라 설명하고, 다른 연구자는 향신료가 에덴동산의 고장이자 꿈속의 유토피아인 신비로운 동양에서 온 것으로 여겨 지상의 천국에서 온 음식이라 믿었기 때문이라고 본다. 즉 향신료는 미각보다 신앙심의 표상이 되었기 때문이라고 주장하는 것이다. 예를 들어, 계피는 그리스도와 부활의 상징인 전설의 불사조 둥지에서 나오는 향신료라는 것이다. 또 다른 연구자는 존재의 대사슬이라는 관점에서 보면 향신료는 건조한 열대지방에서 나오므로 창조의 가장 고귀한 존재인 불의 요소와 연결되는 까닭이라 설명한다. 의학적인 이유를 꼽는 연구자도 있는데, 13세기부터 17세기 초까지 의사들은 향신료가 고기 소화를 돕는다고 주장하면서 향신료를 권장했기 때문이다. 당시 소화란 섭취한 음식을 위에서 신체의 열로 다스리는 것이므로, 뜨거운 성질의 향신료가 소화 작용을 돕는다고 생각했다. 프랑스어로 요리를 뜻하는 cuisine이 '익히다'를 뜻하는 라틴어 coquere에서 파생된 단어인 coquina에서 유래했다는 사실에서도 알 수 있듯이, 당시 사람들은 음식을 먹으면 위에서 익는다고 인식했다. 또한 향신료에는 여러 약효가 있어서 후추와 사프란, 육두구에는 강력한 강장제 효과가 있고, 정향은 페스트 예방에 좋다고 믿었다.

향신료가 음식에 색을 입히고, 체액 이론에 따라 음식의 본성과 향을 바꾸기 위해 사용되면서 사람들은 점차 향신료에 익숙해졌고 중세인의 입맛으로 자리 잡는다. 향신료가 많이 가미된 음식이 고급 음식으로 대접받으면서, 향신료에 매료된 유럽의 14~16세기는 갖은 향신료가 수입되고 사용 빈도와 사용량에서 최고조에 달한 시기였다. 정향, 후추, 계피, 육두구, 생강, 사프란, 아니스 등이 많이 사용되었고, 프랑스인들은 다른 나라 사람들보다 유난히 후추의 일종인 멜레게타*maniguette*를 좋아했다. 그것은 맛이 뛰어나서라기보다는 이 식물의 열매들이 프랑스에서만 '낙원의 곡물*graines de paradis*'이라고 불렸다는 사실이 더 큰 원인이었다. 그래서 이 열매들은 귀족의 향신료를 뜻하게 되었고 후추는 상대적으로 낮게 취급했다. 그렇지만 유럽 전체를 보면 최고 인기 품목은 단연 후추여서, 유럽의 연간 후추 수입량은 이탈리아의 수입 향신료 전체의 절반을 훨씬 능가했다. 그 인기 비결은 무엇이었을까? 당시에는 위생 단속이 철저해 도축업자들이 오염된 고기를 팔거나 거래할 수 없었다. 그래서 도축한 지 하루 안에 팔리지 않고 남은 고기와 생선은 반드시 염장해야 했다. 소금을 잔뜩 쳐서 먹기 힘들어진 고기에 후추를 뿌리면 그나마 제법 먹을 만해졌는데, 이러한 이유로 향신료는 특히 장기간의 항해나 춘궁기, 흉작 때 더욱 요긴하게 쓰였다.

그런데 향신료가 귀한 대접을 받은 이유는 쏘는 맛의 강도가 다양해서이기도 했지만, 무엇보다 수입품이어서 가격이 매우 비쌌기 때문이다. 후추는 은에 버금가는 통화 가치를 지닐 정도여서 계피, 육두구 등과 함께 사회적 지위와 재력을 드러내는 상징물이었고, 접대용 후추를 입에 넣을 때마다 손님들은 주인의 권세를 체감하며 경외심을 느낄 수밖에 없었다. 주인은 손님에게 후추를 그릇에 별도로 담아 내놓았고, 그들은 그 후추를 음식에 넣어 먹고 후식으로 먹었으며 물에 타서도 먹고 소화제로도 먹었다.

향신료가 그토록 비싼 데에는 막대한 운송비가 원인이었다. 향신료는 인도에서 이집트와 시리아를 거쳐 수에즈 해협을 가로질러 알렉산드리아에 도착한 후에 베네치아로 운송되었고 그곳에서 다시 중앙과 북부 유럽까지 보내졌다. 엄청난 중개 비용을 줄이기 위해 직접 거래를 원했던 유럽 각국은 앞다투어 향신료 무역에 뛰어들었고, 인도로 가는 항로가 발견되자 포르투갈이 앞장섰다. 다음에는 네덜란드가 향신료 무역 쟁탈권을 쟁취하면서 교역량이 증가하여 향신료 가격이 낮아지자 싼 가격에 향신료를 쓸 수 있게 된다. 그러나 향신료가 흔해지니 비싸고 희귀한 이국적인 맛이라는 상징성도 약화했고, 여기에 과도한 향신료 사용은 건강에 해롭다는 학자들의 경고까지 더해지면서 유럽에서 향신료 사용량은 내림세로 돌아선다.

한편 여러 향신료 중에서 설탕은 유럽 사람들의 입맛을 완전히 바꿔버린다. 8~9세기경에 사탕수수가 인도에서 중동 지역으로 소개된 후에 이집트와 북아프리카를 거쳐 중세 후반기에는 지중해의 여러 섬에서도 재배되었고, 13세기 중반에 키프로스에서 사탕수수 분쇄용 수력 물레방아가 개발되면서 시장에는 많은 양의 설탕이 쏟아졌다. 베네치아와 제노바 상인들은 유럽 전역에서 설탕 무역을 시작했고, 주로 의료용으로 사용되던 설탕이 점차 요리에 사용되면서 15세기에는 프랑스에서도 요리에 단맛을 내기 위해 쓰이기 시작한다. 설탕으로 졸인 과일 콩포트나 잼을 만들었고 열을 가해 졸인 단맛이 나는 농축 포도즙으로 소스를 만들어 요리에 응용하게 된다. 단맛의 포도주 소비도 늘어나서 포도주 중에서 가장 단 맘지*Malmsey* 백포도주가 널리 애용된다.

중세의 부엌과 식당

지중해 연안의 남부 지방에서는 산림자원이 고갈되면서 숯을 대량 생산하기 어려워졌다. 따라서 연료 부족을 보완해 줄 수 있는 밀폐된 숯 풍로가 개발되었고 주로 프라이팬을 사용해 조리했다. 반면 산림자원이 풍부했던 북부에서는 넓은 홀 중앙에 불을 피워서 그 불 위에 커다란 가마솥을 올리고 쇠꼬챙이에 고기를 꽂아서 굽거나 철판 위에서 조리했다. 요리는 대부분 아궁이나 화덕에서 직접 조리했고, 겨울에는 아궁이를 거실 한복판에 설치해 난방을 겸하도록 했다. 중세 말부터 조리실을 분리하게 되는데, 연기와 냄새, 소음을 피하고 무엇보다 화재 위험을 최소화하기 위해 주거 건물에서 떨어진 장소에 설치하는 방식이 대세가 되었다.

보통 사람들은 가마솥에 전날 먹고 남은 음식이나 소금에 절인 돼지고기 한 조각 혹은 곡물가루 등 이용할 만한 것은 뭐든 넣고 걸쭉하게 끓여 수프를 만들어 먹곤 했다. 평범한 가정의 부엌에는 대부분 칼한 자루, 국자 하나, 도기 팬 하나, 구이용 쇠꼬챙이 하나, 가마솥 하나, 그릇용 도기 단지 몇 개, 프라이팬 하나, 우유나 크림을 데우는 데에 쓰는 손잡이 달린 작은 팬 정도만 갖추고 있었다. 무거운 가마솥을 올리고 내릴 용도로 솥 양쪽에 거는 갈고리와 미늘톱니바퀴*roue à rochet* 기중기가 개발된 후에는 기중기와 가로대를 이용하여 가마솥을 올리고 내리면서 온도 조절을 했고, 이런 장치를 갖출 여력이 없는 집은 작은 삼발이를 이용해 솥을 약간 들어 올리고 내리는 방식으로 온도 조절을 했다. 한 솥에 넣고 끓이는 죽이나 수프와 같은 국물 요리는 모든 민족의 전통 음식이면서 서민에게 중요한 양식이 되어 주었다. 식구가 늘어나서 양이 부족해지면 물을 좀 더 넣고 끓이면 되고, 재료가 모자라면 남은 채소나 부산물 등을 넣고 끓여도 되며, 똑같은 음식이 지겨우면 내용물을 달리하여 특별식을 만들 수도 있었기 때문이다.

존재의 대사슬에 근거한다는 이유도 있었겠지만, 솥에 넣고 끓이는 방식이 대중의 조리법이 되다 보니 삶거나 끓이는 것이 우위라고 생각했던 고대와 달리 중세에는 직화구이를 최고로 꼽았다. 다음이 화덕에 넣거나 팬에 올려 굽는 방법이었으며 물로 끓이거나 삶는 방식이 가장 열등하다는 조리의 위계를 세웠다. 귀족의 저택에는 용도별로 다양한 냄비와 팬이 갖춰져 있었다. 직화구이용 큰 쇠꼬챙이와 석쇠, 국물받이, 구운 고기에 육즙이나 소스를 끼얹는 국자와 같은 도구들이 기본적으로 마련되어 있었고, 고기를 더 부드럽게 찌는 찜기, 스튜팬과 소스팬 등도 있었다. 타르트 주형, 와플 틀, 번철 등의 전문 도구와 벽돌로 벽을 쌓아 만든 화덕이 설치된 요리 전용실, 빵 굽는 전용 화덕도 갖췄다. 궁정에는 음식 준비를 위한 전용 건물도 따로 있어서 식품과 포도주를 보존하는 저장실과 항아리, 컵, 그릇 등을 모아놓는 그릇 보관실도 설치되어 있었다. 또한 부엌으로 쓰이는 별도의 건물에는 높은 벽 위에 창문을 내서 채광과 통풍을 최대한 확보했고, 화덕에는 연기 배출을 위한 굴뚝을 설치했으며 바닥은 돌이나 타일로 포장했다.

집에는 독립된 식당 공간이 없었기 때문에 식사 때마다 가대 위에 판자를 놓고 천을 덮은 식탁을 임시로 설치했고 주로 긴 의자에 앉아서 식사했다. 중세의 식탁은 네 개의 가대 위에 사각 판자를 걸쳐놓은 형태였는데, 그래서 상을 차린다는 뜻의 영어 set the table과 프랑스어 mettre la table은 여기에서 유래했다고 한다. 대형 사각 천으로 판자 위를 덮었고, 회식자들은 식사 도중에 음식 묻은 손을 식탁보의 천 자락에 문질러 닦곤 했다. 이러한 식습관은 모든 사회계층에 공통적이어서 숟가락, 칼, 컵은 함께 사용했고 국물이 있는 수프류의 음식은 사발째 들고 마셨다. 식탁을 설치할 수 없었던 하층민들은 긴 의자에 앉거나 화덕 가에 앉아 식사했고, 집에서 식사 준비를 할 여력이 없는 사람들과 여행객들은 선술집*taverne*이나 여인숙의 부속 식당인 오베르주*auberge*에서 공동 식탁에 둘러앉아 주인이 임의로 내주는 음식을

아마도 지주인 듯한 높은 신분의 사람들이 어느 농가를 방문한 모습을 묘사한 이 그림에서 농부들은 일을 마치고 집에 돌아와서 식사하거나 밀린 집안일을 하고 엄마와 아이들은 화롯가에서 몸을 녹이고 있다. 식탁 위에는 치즈 한 덩어리와 포타주가 놓여 있고, 사발을 그릇째 들고 마시는 남자의 모습도 보인다.
브뤼헬, <농가 방문>, 1596년

먹었다. 반면에 상류층은 반짝이는 금식기와 은식기를 진열한 장식장을 식탁 옆에 놓아두고서 주인의 부와 위세를 자랑하며 식사했다.

교회가 식탐을 죄악이라 비난했던 만큼 중세 사람들은 아침에 식사하는 일을 수치스러운 행위로 생각했다. 그래서 하루 두 끼 식사가 기본이었고, 오전 9~11시경에 정찬으로 먹는 디네르*diner*가 대다수 사람에게 첫 식사였으며 오후 5~6시경에 만찬인 수페르*souper*를 먹었다. 그러나 점차 사람들이 도시로 이주하고 장시간 노동에 종사하기 시작하면서 만찬 시간이 늦어지는 바람에, 점심이었던 정찬이 저녁 식사가 되었고 저녁을 의미하는 만찬은 야식이 되었다. 식사 시간이 늦춰지면서 많은 에너지가 필요한 육체노동자는 아침을 먹기 시작했고, 학교에 가서 수업을 들어야 하는 성장기 아이들, 여성과 노인들에게도 아침 식사가 허용되면서 1600년쯤에 아침 식사는 도시에서 아주 흔한 일이 되었다.

이 무렵에는 사람들 대부분이 현재의 우리와 비슷한 일과를 따랐다. 아침에 일어나서 세수하고 이를 닦았고, 아침을 먹고 8시경에 학교나 직장에 갔으며, 정오 무렵에 점심을 먹고 일을 마친 뒤 귀가한 후에 저녁을 먹고 화롯가에서 몸을 녹였다. 중세 초기에는 영주부터 하인까지 다 함께 공동 식사를 했으나, 14세기 말부터 사생활 개념이 두드러지면서 방에서 개별적으로 식사하기 시작했고, 왕족과 대영주는 특별한 경우에만 사람들과 어울려 식사하게 되었다. 이러한 추세에 맞춰 개인 공간이 늘어났고, 신분에 따라 따로 식사하는 것이 일종의 권력을 상징하는 풍조가 되었다.

유럽에서 점심과 저녁 식사는 비슷한 구조였는데 중세 말에 영국과 프랑스에서 음식은 코스로 나왔다. 영국에서는 대체로 세 가지 코스로, 프랑스의 최상류층에서는 네 가지 이상의 코스로 구성된 식사를 했다. 하나의 코스에는 여러 요리가 한꺼번에 차려졌으며, 음식은 대개 신선한 제철 재료로 만들었지만 고기는 염장이나 훈제 혹은 건조하여 보존한 것을 사용했다. 그렇기에 제철 식품이 풍부한 여름이 아니라 염장하거나 지하실에 보관한 채소, 건과일, 수입 재료 등을 활용해야 하는 겨울에 연회를 연다는 것은 주최자가 아주 부유하다는 징표였다.

과식이 미덕인 상류층의 식사

중세는 식량 부족의 시대로 알려졌지만, 그것은 대다수 평민의 입장이었다. 무위도식하는 상류층 귀족에게는 낭비가 미덕이었으므로 잘 먹고 많이 먹기 위해 노력했다. 온갖 구실을 만들어서 모임을 하고 대량으로 고기를 소비했으며 귀족들은 많이 먹기 시합인 양 갖은 음식을 산더미처럼 쌓아놓고서 경쟁적으로 먹어댔다. 대식가가 대접받는 시대에 소식하는 사람은 귀족의 자질을 갖추지 못한 자로 비난받기도 했다. 중세 귀족 대부분은 영양 과잉에다 덩치가 컸고 그래서 이탈리아에서는 귀족을 '뚱뚱한 사람*popolo grasso*'이라 부를 정도였다.

중세의 식탁은 기본적으로 사회적 지위를 드러내는 잣대였기에 먹는 음식은 계층에 따라 상당한 차이가 있었고 거기에는 자신의 지위에 맞게 먹어야 한다는 규범이 덧붙여졌다. 닭과 병아리, 양고기와 신선한 돼지고기는 상류층의 몫이었고 하인들은 소고기와 염장 고기를 먹었다. 가족 내에서도 부인과 아이는 남편이나 아버지와 같은 품질, 같은 양의 음식을 먹어서는 안 되었고 연회에서는 지위에 따라 제공되는 고기의 양도 차이가 났다. 예를 들어서, 군주가 2파운드의 고기를 받았다면, 공작과 대기사는 1파운드, 보통 기사는 1/2파운드, 시중과 전속 사제, 성직자는 1/4파운드, 하인은 1/8파운드 등으로 지위가 낮아질수록 양이 절반으로 차등 지급되었다.

상류층이 상대적으로 육류를 많이 섭취한 것은 사실이나, 빵도 중요한 음식이었다. 그래서 식탁에서 고기나 빵을 써는 역할은 아무나 할 수 없는 중요한 임무였다. 그 역할이란 둥글고 커다란 빵 덩어리를 잘라 신분에 맞게 배분하는 것이었다. 최고급 밀가루로 갓 구운 흰 빵은 주인과 손님들에게 제공되었고, 그중에서도 부드러운 속은 언제나 주인 몫이었다. 반면 하인들은 사흘 정도, 평민들은 대개 일주일 정도 지나서 딱딱해진 빵을 먹었는데, 오래된 빵은 잘라서 걸쭉한 소스를 만들거나 포타주로 끓였다.

14세기 말에 부르주아 계층의 중년 남성이 자신의 젊은 아내를 가르칠 의도로 적어 놓은, 결혼 생활과 가사 활동 전반에 대한 지침서 『르 메나지에 드 파리 *Le ménagier de Paris*』의 식사 항목에는 그들의 사회적 지위 이상의 비싼 식자재는 배제하라고 조언해 놓았다. 상류 계층이 선호하는 가금류에도 등급이 존재했는데, 상류층 중에서도 하위층은 햇병아리, 닭, 거세된 수탉, 암탉, 오리, 비둘기, 거위 등을 먹고, 중간층은 멧도요, 물떼새, 메추라기, 종달새, 개똥지빠귀, 까치를, 그리고 백조, 왜가리, 공작, 두루미, 황새, 가마우지, 알락해오라기 등은 군주를 비롯한 최상류층의 몫이라고 기술한다. 과일도 마찬가지여서 오디, 밤, 잣, 들장미 나무 열매, 나무딸기, 마가목 열매 같이 흔한 과일은 먹어서 안 되고, 야생 자두, 까치밥나무 열매, 산딸기, 호두, 견과류나 사과, 배, 버찌, 체리, 모과와 같은 재배 과일들을 권장한다. 또한 하루 두 번의 식사로 족하다고 충고하며, 상류층은 육체 노동하는 농민들과는 달리 한가로운 삶을 누리므로 아침 식사는 하지 않고 느지막이 점심을 먹고 해 질 녘에 저녁을 먹는 절제하는 생활을 하라고 충고한다.

중세 말이 되면 상류층의 식단에는 변화가 생기기 시작하는데, 소화가 쉬운 가벼운 고기를 선호하게 되는 것이다. 어린 동물의 고기를 먹지 않던 기존의 관습에서 벗어나 귀족들은 가금류, 조류, 송아지나 새끼 돼지 같은 연하고 맛있는 고기를 더 많이 먹기 시작했고, 종교개혁을 계기로 프로테스탄트 국가에서는 가톨릭에서 강요했던 단식 규정들이 완화되게 된다.

식사의 구성

중세 귀족들의 식사는 포타주, 고기구이, 앙트르메*entrements* 세 가지 종류가 주축이었고, 질 좋은 고기와 넉넉한 연료가 필요한 구운 고기 요리가 식사의 중심이 되었다. 구이 요리를 중심으로 앞뒤로 보통 한두

가지 코스가 나왔고 과일은 식사 전후로 두 번 제공되었는데, 이따금 과일이나 소시지 혹은 푸딩이나 파테로 식사가 시작될 때도 있었다. 중산층의 식탁과 비교하면 조리법은 대체로 비슷했으나 질과 양적인 면에서 차이가 있었다. 코스의 개수와 각 코스를 구성하는 요리 가짓수가 더 많았고 코스마다 정교하게 만든 과자나 젤리도 포함되었으며, 사자, 독수리, 왕관, 방패 등의 문장을 넣어 만든 근사한 조각품으로 식탁을 장식했다. 16세기에는 설탕이 흔해지면서 정교하고 장엄하게 제작된 설탕 조각 작품들도 귀족의 식탁을 차지했다.

프랑스식 상차림 혹은 프랑스식 서비스라 불리는 방식은 식탁 위에 여러 음식을, 때로는 십여 개의 요리들을 많은 인원을 동원해 동시에 차리고 치우는 방식이다. 원칙적으로 정해진 자리에서 신분에 맞게 차려진 음식만을 먹을 수 있었고 똑같이 초청받아도 사회적 지위에 따라 차등적으로 상이 차려졌으므로, 왜가리를 대접받을 자격이 있는 고귀한 신분의 손님 자리에는 왜가리보다 하위 요리인 거위 구이는 내놓지 않는 식의 규칙이 엄격히 지켜졌다. 코스마다 여러 종류의 요리가 한꺼번에 차려졌고 사람들은 그중에서 임의로 골라 먹었으니, 오늘날과 같은 정해진 식사 순서는 없었고 16세기가 되어서야 코스별로 특성을 구분했다. 중세인은 위는 일종의 냄비라서 항상 따뜻하게 유지해야 제대로 기능을 발휘한다고 생각했고, 식사를 마치면 위가 닫힌다고 믿었다. 그래서 구운 고기를 소화하려면 먼저 위가 활성화되어야 하므로,

위를 충분히 데운 다음에 구이와 소스를 먹어야 한다고 생각했다.

식사는 모임의 규모에 따라 적게는 세 개부터 많게는 일곱 개 이상의 코스로 구성되곤 했다. 구체적으로 살펴보면, 첫 번째 서비스는 식욕을 돋우는 아페리티프를 제공하는데, 달콤한 포도주와 훈제 돼지비계, 사과, 구운 토스트, 과자를 곁들인 계절 과일, 파테나 소시지 같은 음식으로 구성하여 위에서 기름진 음식을 받아들일 수 있도록 준비한다. 과일은 차고 축축한 음식이므로 위에서 데워지도록 식사 초반에 먹는 것이다. 두 번째 서비스는 각종 고기와 채소를 넣고 약한 불로 뭉근히 익힌 포타주를 제공해 위가 충분히 데워질 수 있도록 한다. 세 번째 서비스는 신분에 따라 차등화된 여러 종류의 고기를 꼬치에 꽂아 구워 소스와 함께 내놓는다. 금식일이라면 생선 요리를 제공하는데, 상차림의 중심인 구운 고기들의 행렬은 악대의 팡파르와 함께 시작된다. 네 번째는 앙트르메이다. 다섯 번째는 식사의 마무리 단계로 과일, 타르트, 콩포트, 크림 과자 등의 단맛 나는 디저트 서비스이고, '식사의 끝'이라 불렸던 마지막에는 소화 작용을 활성화하고 위를 닫을 목적으로 숙성 치즈와 건과일, 가벼운 와플 등을 먹고, 계피와 생강, 꿀, 회향 등의 향신료를 넣은 단맛의 적포도주 이포크라*hypocras*를 곁들인다. 이제 식탁은 치워지고 개별적으로 삼삼오오 모여 과일, 아몬드나 호두 당과 등을 나눠 먹으며 부트오르*boute-hors*를 즐긴다.

주목할 것이 네 번째 코스인 앙트르메인데, 앙트르메란 '앙트르 레메*entre-les-mets*', 말 그대로 요리들*mets*과 요리들*mets* 사이*entre*에 먹는 가벼운 음식을 의미한다. 대개는 구이 요리와 디저트 사이에 제공되지만, 행사 규모에 따라 코스와 코스 사이에 여러 번 제공되기도 했다. 프랑스식 상차림은 많은 음식이 동시에 차려지고 동시에 치워지는 방식이라, 차려놓은 상을 거두고 다시 새로 상을 차리는 데에는 시간이 필요했다. 보통 그 사이에 앙트르메가 나오게 되는데 그 막간에 참석자들의 경탄을 자아낼 만큼 과장되게 공들인 요리들을 내놓거나 갖가지 공연을 장대하게 보여주면서 주인의 부와 권력을 과시하는 무대로 활용했다. 이 단어가 처음 사용된 것은 12세기 말 즈음으로 알려졌는데, 초기 앙트르메는 각양각색의 곡물죽, 가금류나 내장육으로 만든 스튜, 채소 퓌레와 같은 유동식 음식을 가리키는 것이었다고 한다.

14세기 초부터 앙트르메는 이국적이고 화려한 요리로 발전했고, 15세기경부터는 대연회에서 코스 사이의 막간에 개최되는 각종 공연을 가리키게 되면서 요리보다는 공연에 비중을 두는 방식으로 변모했다. 맛보다는 시각적 효과를 훨씬 중요시해, 성대한 연회에서는 회식자들의 눈길을 사로잡아 주최자에 대한 경외심을 불러일으킬 목적으로 기상천외하고 과장된 앙트르메를 만들었다. 그래서 '용감한 기사의 고기'인 백조나 공작의 가죽을 깃털이 손상되지 않도록 조심스럽게 벗긴 후에 내장을 빼고 고기를 다져서 향신료를 듬뿍 넣고 익힌 다음에 이것을 껍질 속에 조심스럽게 채워 넣고서 깃털과 머리를 다시 붙이고 부리와 발에 금이나 사프란을 얇게 칠한 뒤 실과 막대기나 철사를 이용해 새가 날아오르듯이 연출하는 요리라던가, 가금류 고기에 밀가루, 설탕, 잼, 꿀을 섞어 성 모양으로 빚은 요리, 또는 불을 토해내는 멧돼지, 고기 반죽으로 빚은 산토끼 등 오색찬란한 요리들을 선보였다.

U자 형태로 배치된 식탁 한쪽에 앉은 회식자들은 배우, 음악가, 가수, 광대, 곡예사, 음유시인, 동물 조련사 등이 공연을 펼치는 화려하고 웅장하게 연출된 앙트르메를 감상했고, 때로는 발코니를 만들어 연회에 초대받지 못한 일반 관중까지도 앙트르메를 감상할 수 있게 했다. 이렇게 되자 앙트르메는 코스와 코스 사이에 제공되는 요리라는 뜻보다 공연의 의미가 더욱 커지게 되었다. 연회 주최자의 권능을 과시하고 영향력을 다지기 위한 목적이 중요해지면서 군주들은 자신의 정치적 메시지를 효율적으로 전달하고 교훈을 주기 위해 앙트르메를 이용하기도 했다.

연회

카롤링 왕조의 샤를마뉴 대제는 중앙집권체제를 구축하고 측근을 결속시킬 방법으로 기독교 신앙과 사냥, 그리고 연회를 택했다. 그 전통이 이어져 12세기가 되면 연회는 봉건제 운용을 위한 필수 요소로서 영주와 가신의 관계를 확고하게 다지는 수단이 되었다. 14~16세기의 유럽에서는 육체적 힘과 전투력보다 행정과 외교력이 더욱 중요해

졌다. 이에 따라 위세를 과시하는 수단이었던 음식의 역할도 달라졌다. 과거에는 얼마나 많은 양의 음식을 내놓을 수 있느냐로 차별화를 했다면, 이제는 많은 시종을 동원해 화려하고 풍성한 식탁을 연출함으로써 회식자들의 찬사를 이끌어 내고 주최자의 권위와 영향력을 드러내는 도구가 되었다. 연회에 초대받은 사람들은 나팔과 북, 색버트^{중세의 트롬본}가 연주되는 가운데 눈부시게 화려한 요리들이 연이어 나오고, 그 뒤를 줄지어 따르는 신하들의 행렬이 광장을 도는 모습을 보며 그 장대함에 감탄을 금치 못했고, 그런 규모의 행사를 개최할 수 있는 주최자

의 기세등등한 권세에 수긍하면서 경의를 표했다.

따라서 연회가 예술적이고 환상적으로 보이기 위해서는 눈길을 사로잡는 연출이 무엇보다 중요했다. 요리 품목의 구성, 요리 모양이나 색깔과 같은 음식의 외형은 물론이고, 연회장의 배경도 눈부시게 장식했다. 점점 더 음식 외의 수단에 치중하게 된 이유는 탐식을 죄악으로 여겼던 기독교 신앙이 지배적이던 중세 사회에서 요리 가짓수를 늘리는 대신 다른 방식으로 초청객에게 깊은 인상을 남기려는 의도가 반영되었다고 할 수 있다. 특히 14~15세기에는 위계질서를 바로잡고 예절과 서열을 강조하려는 의도가 두드러지는데, 프랑스에서는 백년전쟁으로 약화한 왕권을 강화하려는 목적으로 화려한 연회를 택했고 부르고뉴 공국이 이 방식을 전략적으로 이용하면서 점차 유럽 전역으로 퍼져 나갔다. 예를 들어, 부르고뉴 공작 필립 르 봉은 닭집을 만들고 우화를 묘사한 양탄자로 방을 화려하게 장식하고, 기상천외하고 뛰어난 공연을 선보였으며 과수원 탐방과 사냥 시합 같은 여흥과 구슬, 공, 주사위, 장기, 카드 등의 각종 게임을 오락거리로 제공했다. 물론 시중드는 사람들도 예의를 갖춰 정갈한 옷차림과 공손한 태도로 접대했고, 회식자들 역시 식사 예법을 지키며 점잖게 행동하면서 자신들이 그 연회에 어울리는 사람임을 증명했다.

요리 외의 연출에 치중했다고 해도 연회에는 많은 인원이 초청된 만큼 엄청난 식자재가 사용되었다. 또한 시대와 행사 규모에 따라 차이

15세기 익명의 화가가 그린 중세의 연회 모습. 공작 모양의 파이가 보이고 식탁 위에는 나무로 만든 트랑 슈아가 자리마다 놓여 있으나, 칼이나 포크, 숟가락 같은 도구는 없다.

는 있지만, 군주의 연회에서는 접대 담당 인원이 50명에서 100명은 족히 되었다. 시종장이 전반적인 연회 구성과 연출을 맡았고, 요리를 총괄하는 요리장, 식탁보와 빵 접시 트랑슈아 및 소금을 관리하는 빵 관리자, 고기를 잘라 신분에 따라 배분하는 고기 자르는 시종, 소믈리에 역할은 물론 포도주에 독이 없음을 검증하는 포도주 접대 시종 등으로 역할이 분담되었다.

앞서 말했듯이 중세의 특징 중 하나는 고정된 식탁이나 식당이 없다는 것이다. 공간 활용이 주된 이유였는데, 참석 인원과 상황에 따라 식탁을 여러 방에 나눠서 배치하느냐, 같은 방에 여러 개의 식탁을 놓느냐를 선택할 수 있었고, 주빈의 경우에는 단독으로 다른 방에서 식사하도록 하거나 같은 방에서 혼자 식사할 수 있는 공간을 마련하거나 하는 등으로 유연하게 연출할 수 있었기 때문이다. 사각대 위에 큰 판이 올려진 식탁에는 아마나 삼베로 짠 흰색의 식탁보를 깔았는데, 식탁보의 재질도 주최자의 부를 드러내는 잣대가 되었으므로 세심하게 신경을 써야 하는 부분이었다. 식탁보는 삼위일체를 상징하도록 세 장을 겹쳐 깔았고 바닥까지 길게 내려와야 했으며 긴 천을 함께 올려서 회식자들이 냅킨 대용으로 사용할 수 있도록 했다. 화려한 연회에서는 포석이 깔린 바닥에 향기로운 꽃이나 나뭇잎을 뿌려 장식 효과를 더하기도 했다.

식탁에는 각기 상석과 말석이 있고 지위에 맞춰 자리가 배치되었으며 상차림 또한 달랐다. 그래서 제공된 음식의 양이나 질로 회식자의 지위를 판단할 수 있었다. 닫집이 설치되고 양탄자로 장식된 공간에 자리가 마련된 주빈에게는 요리를 나눠 먹지 않고 혼자 먹을 수 있는 예외적인 권한이 주어졌다. 음식을 따뜻하게 먹을 수 있도록 덮개를 씌워 제공되었으며 개별 유리잔을 사용하는 특권을 주었다. 식탁 위 주빈 자리에는 금은 세공품을 놓아서 자리를 표시했는데 주로 네프_{nef}를 사용했다. 법랑이나 귀금속으로 장식한 소형 범선 모양의 네프에

는 식기, 소금 단지, 냅킨 등이 담겨 있었고, 주빈이 자기가 먹고 싶지 않은 음식을 여기에 올려놓으면 이 음식은 나중에 빈민에게 적선하거나 개한테 던져주었다.

앉는 의자도 지위에 따라 안락의자, 일반 의자, 개별 벤치, 공동 벤치가 선택되어 놓였다. 접시 대신 사용되던 딱딱한 빵 덩어리 트랑슈아*tranchoir*를 개별적으로 받느냐 두 사람이 함께 사용하느냐도 정해졌고, 트랑슈아 아래에 타이와르*tailloir*라는 판자를 제공받느냐 여부도 결정되었다. 타이와르 역시 삼각형이나 직사각형의 빵 덩어리가 될 수도 있고, 나무나 금속판일 수도 있었으며 은으로 만들고 귀금속으로 장식한 판이 될 수도 있었다. 채소나 고기, 소스 등의 음식을 올려놓은 트랑슈아는 식사가 끝나면 즙을 머금어 눅눅해졌는데, 그것은 보통 개나 가난한 자들의 몫이 되었다. 그릇은 비싸고 귀했기 때문에 식기로 사용하기보다는 찬장이나 식기대처럼 눈에 띄는 곳에 전시해 사람들의 시선을 끄는 용도로 쓰였다.

식사 예법

여럿이 함께 먹고 마시며 대화를 나누는 식사 시간은 계층적 연대감을 드높이는 최적의 기회였으므로, 식탁에 앉아서 처신하는 행동 하나하나가 점차 중요하게 인식되기 시작했다. 궁정과 도시에서 만들어진 식사 예절은 무엇보다 계층적 특권을 문화적으로 차별화하겠다는 의지를 보여주는 방도였다.

가장 지위가 높은 주빈만이 접시와 술잔을 개별적으로 사용했을 뿐, 다른 사람들은 두 사람이 한 조로 식사했으므로 1인분 식기를 함께 사용했다. 구운 고기가 나올 때면 고기 담당 시종은 고기를 썰어 가장 맛있는 부위를 주빈의 개인 접시에 올렸고, 나머지는 타원형의 큰 접시에 담아 식탁 위에 올려 놓았다. 다른 요리들도 대부분 접시에 2인분이나 4인분씩 담겨 있었다. 개별적인 포크와 칼의 사용은 18세기가 되어서야 일반화되므로 중세에는 손으로 먹는 것이 당연했는데, 옆 사람들과 나눠 먹게 되어 있는 큰 접시의 음식을 손으로 집어 각자의 접시로 가져와서 먹어야 했으니 식사 내내 손을 청결하게 유지하는 일은 아주 중요했다. 대개 뿔피리 소리가 나면 회식자들은 식탁으로 가서 자기 자리에 앉은 후 손을 씻었다. 대야에 손을 올리면 하인들이 물병의 물을 붓고 수건을 건넸고, 식사를 마친 후에도 손을 닦았다. 특히 벼룩과 이가 만연하던 중세에는 몸을 긁적이는 행동은 각종 예절서에서 강력히 금지하는 행동이었는데, 음식을 먹던 손으로 몸을 긁적인 다음 공용 접시의 음식을 가져가면 끈적한 손에 붙은 이가 음식으로 들어갈 위험이 있었기 때문이다.

유토피아를 꿈꾸며 굶주린 민중들

중세 농민의 삶은 고되었다. 빈번한 자연재해, 두려운 전염병, 위협적인 전쟁 와중에 언제나 부족한 식량을 감내하며 살아야 했기에, 아이들 절반은 영양부족으로 성인이 되기 전에 사망했고 성인도 귀족보다 몸집이 작아서 보통 남자의 평균 키가 155센티미터밖에 되지 않았다. 18세기 말에 징집된 군사의 신체 검사표를 보면 신병의 72퍼센트가 150센티도 안 되었다.

11세기부터 14세기까지 인구가 두 배 이상 증가하게 되자 곡물 생산을 증진하기 위해 대대적으로 황무지를 개간해 경작지를 넓히고 마을을 새로 만들었다. 곡물 생산에 여유분이 생기면서 시장이 발달하고 시장을 중심으로 곳곳에 도시가 형성되기 시작했다. 그러나 인구가 계속 증가하자 자원 압박도 가중되었고, 척박한 변두리 땅과 가축 사육용 초지까지도 곡물 경작용으로 개간하면서 토지 생산성은 점점 떨어져 1300년쯤에는 한계에 다다랐다. 당시의 농업 기술은 고대 로마 시대와 별반 다르지 않아 생산량을 증진할 획기적인 기술 발전이 없었기 때문이다. 농업 생산성 개선이 더디었던 것은 장원 영주의 지배 아래 있던 중세 농민들의 예속적 지위와도 관련이 깊다. 영주는 농민의 생산분에서 3분의 1에서 절반에 달하는 양을 거둬갔고, 밀은 파종량 대비 수확량의 비율이 매우 낮은 작물이라 수확량의 상당 부분을 다음 해에 파종할 종자로 남겨둬야 했기에 각 농가의 소득은 그만큼 줄어들었다. 밀과 호밀 위주로 농사를 지었고 보리, 귀리, 메밀이나 채소류도 심었으나, 밀과 호밀 농사는 지력 고갈이 심하다는 치명적인 단점이 있었다. 농사를 계속하면 생산성이 크게 떨어졌으므로 휴경으로 지력을 회복시켜야 했고, 이는 19세기에 화학비료가 대량 생산되기 전까지 반드시 지켜야만 하는 규칙이었다.

농민들은 곡물의 양이 부족해 단조롭기 그지없는 음식을 먹을 수밖에 없었다. 고기나 생선 없이 통밀에 호밀, 보리, 귀리 등 잡곡이 들어간 거무스름하고 거친 빵이나 걸쭉한 수프가 주식이었다. 수프를 끓이는 채소로는 봄에는 완두콩과 어린 홍당무를, 여름이나 가을에는 양배추, 콩깍지, 잠두나 강낭콩 등이었다. 신선한 채소를 먹을 수 없었던 겨울에는 오래 보관도 가능하고 겨울에도 구하기 쉬웠던 양배추를 먹었는데, 소금에 절인 돼지고기와 같이 삶은 양배추는 소작농들이 흔히 먹는 식사였다. 겨울에는 말린 채소도 유용하게 쓰였다. 육수에 삶아 수프로 만들어 먹었던 완두콩, 병아리콩, 렌즈콩 등 말린 콩류와 다시 불려서 먹을 수 있었던 말린 호박과 건포도, 건무화과 같은 건과일도 인기가 많았다.

버터나 치즈, 돼지기름 등을 빵에 발라 먹기도 했는데, 우유를 곁들이기도 했다. 냉장 시설 부족으로 쉽게 상했던 우유는 어린아이나 노인, 환자들의 식품이라는 부정적 시각에다가 치아를 부식시키고 나병의 원인이 될 수 있다는 의사들의 경고에 따라 귀족들은 꺼렸던 음식이라 농민의 몫으로 남아 있었다. 상류층은 유제품을 치즈 형태로 소비하는 것을 선호해, 중세 유럽에서는 수도원을 중심으로 지방마다 특산품 치즈를 생산했다. 치즈는 위장 내에서 고기 소화를 담당한다고 생각했기 때문에 신분 고하를 막론하고 대중적으로 사랑받았고 농민들에게는 부족한 단백질을 제공해 주는 훌륭한 음식이었다. 가격이 저렴해서 많이 소비되었던 달걀은 굽고 튀기거나 스튜에 넣거나 오믈렛, 케이크, 타르트로도 만들어 먹었다.

빵은 주식이긴 했으나 쉽고 간단하게 먹을 수 있는 음식이기보다는 오히려 품이 많이 드는 비싼 음식이었다. 빵을 만들려면 밀을 가루로 빻아 화덕에 구워야 하는데, 11세기부터 개별 물레방아 사용이 금지되면서 집에서는 밀가루 생산이 불가능해졌기 때문이다. 영주가 독점한 물레방아와 화덕을 이용하기 위해서는 비싼 사용료를 지급해야 했고, 농민들은 힘들여 수확한 최상품 밀은 영주에게 바치고 자신들은 잡곡

16세기 후반에 그려진 콩 먹는 사람. 식탁에는 삶은 콩 한 그릇과 빵, 채소 파이와 파, 포도주 한 잔이 보인다. 해진 모자와 허름한 옷차림, 거친 손을 보면 아마도 힘든 노동 후에 허겁지겁 식사하려는 참인 듯하다.
카라치, <콩 먹는 사람>, 1580~1590년경

빵이나 잡곡 포타주로 만족해야 했다. 절대적으로 부족한 빵을 보충하기 위해 농민들은 야생 채소, 개암나무, 덜 익은 이삭, 고사리 뿌리 혹은 겨나 톱밥이 섞인 진흙까지도 넣은 '빈곤 빵*pain de disette*'을 만들어 먹었다. 기아가 심각할 때면 개나 쥐를 비롯해 온갖 종류의 짐승을 잡아먹을 정도였다. 특히 수확물이 소진되는 늦겨울에는 굶주림에 지친 사람들이 배고픔을 면하기 위해 먹을 수 있는 것이면 무엇이든 먹곤 했다. 그렇게 닥치는 대로 먹다 보면 무심코 먹은 양귀비 풀은 환각에 빠져들게 했고, 맥각균에 오염된 줄 몰랐던 호밀로 만든 빵을 먹으면 헛것을 보고 경련을 일으키거나 팔다리가 검게 변하고 마비가 되는 위험을 감수해야만 했다.

중세 사람들은 물보다 술을 선호했다. 열악한 위생시설 탓에 깨끗한 식수를 얻기가 어려워서 물보다는 술을 마시는 쪽을 택했다. 포도주나 맥주가 영양가도 많고 소화에도 이로울뿐더러 알코올 성분이 있어 식중독에 걸릴 위험성도 낮다는 이유에서였다. 농민들은 맥주나 과실주를, 귀족들은 포도주를 마셨다. 포도주는 요리용으로도 사용되어 국물을 만들 때 물 대신 넣었고, 음식물을 씻고 보존하거나 소금기를 뺄 때도 사용했으며 상처 세척용 소독약으로도 쓰였다. 포도주에도 등급이 있었는데, 최초 압착 포도즙으로만 제조한 포도주가 가장 고급이었으므로 마땅히 상류층의 몫이었고, 보통 사람들은 두 번째나 세 번째로 압착한 포도주나 포도 찌꺼기에 물을 타서 마셨고, 그마저도 힘든 빈민들은 물에 식초를 타서 마시는 식으로 만족해야 했다. 포도주는 농민들에게 질 나쁜 빵을 부드럽게 만들어 그나마 먹을 만하게 해주고 열량도 보충해 주는 훌륭한 음료였다. 11세기에 사람들은 신맛이 아주 강한 백포도주를 주로 마셨으나, 12세기부터는 남유럽에서 적포도주가 선호되기 시작했고, 르네상스 시대를 지나면서 단순히 빵과 같이 마시는 음료 이상이 되어 전채요리에는 가벼운 백포도주, 구운 고기에는 적포도주처럼 코스와 음식에 따라 선별해서 마시게 된다.

사과 발효주인 시드르는 프랑스 북서부 노르망디 지방의 특산물로, 15세기 중반부터 노르망디는 시드르의 본고장으로 명성을 떨쳤고 19세기까지도 시드르는 프랑스에서 포도주 다음으로 많이 소비되는 음료였다. 맥주는 특유의 향과 맛을 더해주고 항균 작용도 하는 홉을 넣어 제조하기 전까지는 보존이 어려워 대부분 생맥주로 마셔야만 했다. 맥주의 본고장인 영국, 네덜란드, 북독일, 폴란드, 스칸디나비아 지방에서 맥주는 아침부터 밤까지 하루 종일 거의 모든 사회 연령층에서 소비되는 대중적인 음료였으나 남유럽 국가에서는 가난한 사람들이나 먹는 천박한 음료로 취급받았다. 중세 초기에 맥주는 주로 수도원에서 양조했고 가정에서도 소규모로 만들었다. 13세기경부터 맥주에 홉을 넣어 만들면서 6개월간 보존이 가능해지자, 상업화된 맥주가 활발히 거래되면서 무역량이 증가했다.

먹을 것이 늘 부족해서 굶주림이 일상인 시대에 살았던 농민들은 환

브뤼헬, <코케뉴의 땅>, 1567년

상의 나라를 꿈꾸며 가혹한 현실의 고단함을 잊었다. '코케뉴*Cockaigne*'는
14세기에 유럽 각국의 문학 텍스트에 빈번하게 등장하는 단골 장소로,
먹을 것이 넘쳐흘러서 편안하고 여유롭게 살아갈 수 있는 이상적인 무
릉도원을 뜻했다. 포도주 강이 흐르고, 케이크와 설탕으로 만들어진

집, 파이로 포장된 거리, 먹을 것이 끊임없이 솟아나는 가게들, 맛있게 구워진 거위 구이가 돌아다니며 버터구이 종달새가 하늘에서 비처럼 내리는 코케뉴는 그야말로 중세인의 음식에 대한 갈망을 보여주는 표상이다.

이탈리아의 작가 보카치오의 『데카메론』에도 코케뉴가 등장하는데, 벤고디라는 지방은 포도나무에 소시지가 열리고 산은 파르마산 치즈 가루로 만들어졌으며 사람들은 무위도식하면서 마카로니와 라비올리를 닭 육수에 끓여 먹으며 강에는 물 한 방울 섞이지 않는 백포도주가 흘러 누구나 실컷 마실 수 있을 뿐 아니라 음식은 먹어도 먹어도 끊임없이 채워지는 곳이었다. 또한 화가 브뤼헬*Pieter Bruegel the Elder*의 〈코케뉴의 땅*Land of Cockaigne*게으름뱅이의 나라〉에 묘사된 장면에도 통닭과 달걀, 갓 구운 빵이 놓인 식탁, 파이로 덮인 지붕, 칼을 매고 다니는 구운 돼지 등 먹을 것이 넘쳐나는 환상적인 나라가 그려져 있다. 그림 동화 『헨젤과 그레텔』에도 배고픈 아이들이 달콤한 과자와 케이크로 만든 집에 끌려 허겁지겁 먹기 시작하는 장면이 등장하는데, 이처럼 식량이 절대적으로 부족했던 시절에 환상 속에서나마 근심 걱정 없이 맘껏 먹는 것은 서민들이 꿈꾸는 이상적인 삶이었다.

Chapter 3

르네상스 시대, 요리의 재발견

고대 요리를 다시 만난 르네상스 시대

14세기에서 16세기에 이탈리아를 중심으로 전개된 문예부흥 운동인 르네상스는 문화 전반에 걸쳐 그리스와 로마의 고전 문명을 재발견하여 이를 새롭게 인식하고 수용하는 시대정신이다. 그런데 그 연구 대상 문헌 중에는 고대 로마 음식에 관한 것이 포함되어 있었다. 교회의 요청으로 고대 라틴어 서적들을 살펴보던 학자들은 1457년에 아피키우스_Apicius_가 1세기경에 쓴 책『요리에 관하여_De re coquinaria_』필사본을 발견하게 되었는데, 이는 요리사가 알아야 할 기본 지침과 재료별 조리법을 수록한 전문적인 요리책이었다. 이 책은 1498년에 인쇄본으로 발간되면서 고대 로마의 음식 문화에 관한 관심을 불러일으켰다. 로마인들의 다양한 음식 재료와 요리법을 소개해 놓은 이 책은 르네상스 시대에 음식 문화의 변화를 촉진하는 계기가 되었고, 사람들은 기독교식 절제와 금식 없이 즐거운 식탁을 만끽했던 고대 요리를 새삼스레

재발견하면서 이제 자신들도 식탐에 대한 죄의식에서 벗어나서 요리를 즐기며 먹는 기쁨을 되찾고자 했다. 그렇긴 해도 식습관이 하루아침에 완전히 바뀔 수는 없는 법이리 르네상스 요리는 아직 엄격한 중세 요리 관습에서 완전히 벗어나지는 못한 절충식이었다.

1474년에 플라티나*Platina*로 알려진 바티칸의 사서 바르톨로메오 사키*Bartolomeo Sacchi*는 이 시대에도 아피키우스의 요리책과 같은 책이 필요하다고 주장하면서 『건전한 쾌락과 건강에 대하여*De honesta voluptate et valetudine*』를 집필했고, 거기에 고대 요리를 시대에 맞게 개선한 당대 최고의 요리사 마르티노의 요리법을 소개하며 절제된 식생활로 영혼과 육체의 즐거움을 누리지 못하는 것은 안타까운 일이라고 강조한다. 그는 음식을 포함해 인간 본성이 열망하는 욕구는 적절하게 조절하면 즐거울 수 있고, 건강을 유지하고 조화로운 식생활을 열망하는 절제력 있는 사람들에게 힘을 실어주기 위해서 이 책을 쓴다고 역설한다. 그는 기존 방식의 향신료 대신에 레몬즙이나 오렌지즙을 사용하거나 식용유와 식초로 간단히 양념한 샐러드와 과일 같은 가벼운 음식으로 식사를 시작하고 마지막에 치즈를 먹어서 위를 닫는 것이 좋으며 포도주를 곁들여 즐거움을 만끽하라고 충고했다.

16세기에 이탈리아 도시들은 이슬람과 유럽을 잇는 중개 무역으로 부를 축적하고 대부업과 은행업을 발전시키면서 절정기를 구가했다. 특히 도시 상인 계층 출신인 메디치 가문은 피렌체의 최고 권력을 쥐고 있었고, 이 계층은 차별화된 의상과 음식으로 자신들의 권능을 과시하고자 했다. 이런 상황에서 음식에 관한 글을 학문의 영역으로 발전시켜 상류층의 지적 욕구와 허영을 정확히 포착한 플라티나의 책은 큰 주목을 받았고, 이후 유사한 책들이 쏟아져 나오면서 이탈리아는 요리책을 새롭게 창시한 나라가 되었다. 이 책은 이탈리아 전역은 물론 유럽 전체로 퍼져나갔다. 1474년에 로마에서 라틴어로 간행된 후에 각국어로 번역되었고, 프랑스어 번역서는 20판 이상이 출간될 정도로 큰 성공을 거두었다. 요리 기술에 대한 자부심이 대단했던 이탈리아 요리사들은 자신들의 비법을 기꺼이 전수했고, 이를 전해 받은 프랑스 요리사들은 참신한 기교를 더해 완벽한 요리를 선보이려 애썼다.

이와 같은 변화는 프랑스 요리 문화에도 많은 영향을 끼쳤다. 자연의 역사, 의학, 농학에 관한 고대의 문헌들이 재조명되면서 식용 식물에 대한 과학적 관심이 생겨났고, 콜럼버스의 항해 이후 아메리카 대륙으로부터 새로운 식품들이 유입되면서 종래에 익숙했던 음식에만 의존할 수 없는 환경이 만들어졌다. 이러한 문화 개방은 변화의 시작을 의미하는 것이었다. 로마인들은 본래 채식주의자이고, 생선과 극소량의 고기만 먹었다는 사실이 알려지면서 르네상스 말기로 갈수록 채소 요리에 관한 관심이 상류층을 중심으로 더욱 확장된다.

귀족들의 입맛이 달라지다

　르네상스 요리는 중세 요리의 기본 틀은 고수했으나 훨씬 확대되고 풍요로워졌다. 신 포도즙, 식초, 진한 고기와 채소 국물, 우유, 아몬드유 등을 기본으로 하여 향신료를 듬뿍 넣은 강렬하고 자극적인 맛의 소스

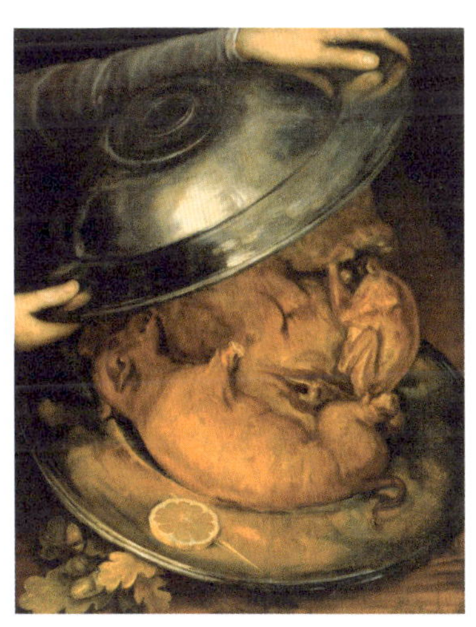

새끼 돼지 통구이 요리를 그린
16세기 그림
아르침볼도, <요리사>, 1570년경

아티초크가 인기를 얻으면서 17세기 정물화에 자주 등장하는 단골 소재가 되었다. (좌) 베르트, <아티초크가 있는 정물>, 1598~1623년 사이, (중) 피터스, <치즈, 아티초크, 체리가 있는 정물>, 1625년경, (우) 아드리안센, <은제 접시에 놓인 아티초크와 여러 은제 물품들이 있는 정물>, 1647년

도 계속 사용되었고, 구이 중심의 요리, 파이, 타르트, 형상화된 요리도 여전했다. 향신료 사용량은 줄었지만 거의 모든 요리에 향신료를 썼는데, 고가의 향신료 남용이 사회적 지위를 돋보이게 하는 도구라는 사실은 변함없었기 때문이다. 그러나 16세기에 포르투갈이 향신료 무역을 장악하고, 16세기 후반에는 영국과 네덜란드까지 가세하면서 상대적으로 향신료 확보가 어려워진 이탈리아는 변화된 상황에 맞춰 향신료 사용량을 줄이고 각종 허브로 대체하는 요리법을 개발하게 되었다.

중세에 소고기는 귀족들에게 그다지 사랑받지 못했지만, 르네상스 시대에는 송아지고기와 더불어 품격 있는 재료로 대접받았고, 고대 문헌의 영향으로 동물이나 생선의 뇌, 코, 눈, 볼, 간, 창자, 머리, 신장, 양, 혀, 췌장, 버슬, 고환 등을 활용한 내장 요리와 연골 요리는 별미로 사랑받았다. 미각도 변화했는데, 고대에 소금을 성스럽게 여겼다는 사실이 알려지면서 짠맛을 찾는 경향이 강해졌고, 요리에 사용되는 소금양도 늘어났다. 이에 따라 햄, 염장 생선, 철갑상어알 등이 인기를 얻었다.

송로버섯을 비롯한 긱종 버섯과 굴, 철갑상어알 같은 해산물이 주목받았으며, 새끼 돼지고기에 대한 선호도가 증가하고, 아티초크, 카르둔, 아스파라거스, 양배추, 양파와 같은 채소와 여러 종류의 과일 사용이 급속도로 늘었다. 중세에 채소는 가난한 사람들이나 포타주로 끓여 먹는 재료였지만, 르네상스 시기에는 위에 부담이 덜하고 마음을 자유롭게 해준다는 이유로 각광받으면서 상류층의 채소 소비를 촉진했다. 가난한 자들이나 먹는 음식이라는 오랜 선입견이 깨지기 시작하며 소작농의 마당에서부터 궁정의 뜰까지 양배추, 리크, 시금치, 누에콩, 양상추 같은 채소들이 널리 재배되었다. 르네상스 후기에 가장 인기를 끌었던 채소는 잃어버린 입맛을 찾아준다는 아티초크였다. 궁정에서도 유행하며 귀족들이 생으로 먹거나 그릴이나 화덕에 구워서 혹은 진한 육수에 넣어 익혀서 먹었다.

치료제에서 조각품이 된 설탕

체액 불균형을 회복시키고 복통과 호흡기 질환을 개선하는 치료제로 알려져 의약품으로 취급되었던 설탕은 14세기만 해도 유럽에서는 극소수 상류층만이 구매할 수 있었던 값비싼 물품이었다. 이탈리아 상인들을 통해 점점 더 많은 양의 설탕이 유럽으로 들어오게 되면서 설탕을 즐기는 귀족들이 늘어나기 시작했다. 15세기에 대항해 시대가 열리고 스페인과 포르투갈, 그리고 영국이 남아메리카와 서인도 제도에서 사탕수수 재배를 시작하면서 유럽에 설탕이 대거 유입되었고 16세기부터는 각종 요리에 이용된다.

잼이라는 새로운 요리 제조법이 실린 책이 등장하며 설탕 소비를 더욱 부추겼고, 비누와 향수 제조에도 설탕을 활용했는데, 이것은 설탕이 소화제뿐 아니라 신체의 외적 아름다움을 가꾸는 재료로도 사용되었기 때문이다. 당시 사람들은 물이나 포도주에 설탕을 타서 마시거

1667년 추기경 레오폴드 메디치를 위한 연회의 설탕 조각 세트

나 생선과 고기 요리에도 잔뜩 뿌릴 정도였고, 요리사는 완성된 요리를 식탁에 내놓기 전에 그 위에 다시 한번 설탕을 뿌리는 동작을 연출하면서 요리에 설탕이 들어갔음을 증명할 만큼 인기를 누렸다. 이러한 분위기에 힘입어 식습관도 변화되어 약한 산미와 강한 단맛을 추구하는 쪽으로 바뀌었고, 짠맛과 단맛의 구분이 명확해졌으며 단맛이 나는 디저트는 식사의 마지막 순서에 나오게 된다.

르네상스 시대에 상류사회에서 폭발적인 인기를 끌었던 것은 설탕 조각이었다. 일찍이 중국과 이집트, 그리고 이슬람 국가의 연회를 장식해 왔던 설탕으로 만든 화려한 조각품은 이제 유럽 군주들의 시선을 사로잡았다. 이탈리아의 최고 요리사인 바르톨로메오 스카피가 정교한 설탕 조각을 선보이면서, 부와 권력을 과시하는 기념비적 대상이 된 아름답고 사치스러운 설탕 조각품은 연회를 빛내는 필수품이 되었다. 앙리 2세와 결혼하기 위해 프랑스로 떠나는 카트린 드 메디시스를 위한 고별 연회는 매혹적인 설탕 조각상들로 장식되었고, 아들인 앙리 3세가 1574년에 베네치아를 방문했을 때도 화려한 설탕 조각들로 꾸며진 성대한 향연이 베풀어졌다. 그 무렵 신대륙에서 설탕 생산이 본격적으로 시작되면서, 설탕 조각상 제조 기술은 유럽 전역으로 퍼져나갔다. 17세기까지도 백설탕은 드물었기 때문에, 르네상스 시대의 조각상들은 대부분 갈색 설탕이나 채소로 물들인 색색의 설탕으로 제작되었다.

버터를 먹을 권리, 돈으로 사다

기원전 8,000년경 아프리카에서 처음으로 소, 염소나 양의 젖을 가죽 주머니에 넣어 만들었다고 전해지는 버터는 게르만족을 위시한 유목민의 음식이었다. 지중해에 인접해 기후가 따뜻했던 그리스와 로마에서는 올리브 나무가 풍성하게 자랐고, 지방 섭취를 위해 올리브를 주로 먹었다. 반면 올리브 나무가 자라지 않는 추운 지역에 살던 게르만족은 지방을 섭취하기 위해 버터를 먹을 수밖에 없었다. 그러나 그리스와 로마인들은 이러한 버터를 야만족의 음식이라며 깎아내렸고, 로마의 영향을 받은 갈로-로마 사람들 역시 버터를 꺼렸다.

이런 생각은 중세까지 이어지면서 버터는 올리브유와 돼지기름에 밀려 가난한 사람들이나 먹는 지방으로 취급되었다. 중세 초반의 가톨릭 금식 목록에는 버터가 포함되지 않았으나 흑사병이 휩쓸었던 14세기 이후에 더욱 엄격해진 교회는 성욕을 부추긴다는 이유로 유제품,

달걀, 버터도 금식 목록에 포함시켰다. 금식일은 1년의 거의 절반에 달했지만, 이탈리아, 스페인, 프랑스 남부와 같이 지중해 인접 지역 사람들에게 금식일의 금기 음식들은 잠시의 고통에 지나지 않았다. 풍부한 올리브유와 싱싱한 해산물로 충분히 대체할 수 있었고 버터가 나병을 유발한다고까지 믿었기 때문이다.

그런데 북쪽 사람들의 사정은 그렇지 않았다. 육류와 유제품이 전부인 내륙 지방에서 고기와 버터를 먹지 말라는 것은 굶든지, 올리브유나 해산물을 수입해서 먹으라는 선택의 갈림길에 선 문제였다. 당시의 열악한 운송 수단으로는 올리브유를 중북부까지 실어 나르는 데 몇 달이 걸렸고, 그 과정에서 귀하고 비싸졌을 뿐 아니라 긴 운송 기간 탓에 산패해 먹지 못하는 경우도 잦았다. 당연히 견디기 힘들었던 중북부 유럽인들은 교황에게 버터를 먹게 해 달라고 탄원했고, 교회는 예외적으로 가난한 이들에게 버터 소비를 우선 허용했다. 그래서 귀족 대상 요리에는 버터가 거의 사용되지 않았다.

시간이 흘러 귀족들이 점차 버터의 맛에 눈을 뜨자, 교회는 성전 건축이나 십자군 전쟁 비용 충당이라는 명목으로 금식 기간에 버터 먹는 죄를 용서해 주는 면죄부를 비싼 값에 팔았고, 경제적 여력이 있는 귀족들과 부자들은 그 특혜를 누렸다. 하지만 평민들은 마지못해 면죄부를 구매하거나 남부에서 수입된 저질 식물성 기름을 살 수밖에 없었다. 교황청은 이를 이용해 큰 이익을 얻었는데, 1491년에는 브르타뉴가 프랑스에 편입된 것을 축하한다는 명분으로 버터 섭취권을 팔았고, 1495년에는 독일, 헝가리, 보헤미아, 프랑스의 여러 지역에 이 권리를 팔았다. 버터 면죄부로 엄청난 수입을 거둔 프랑스 북부 루앙 교구가 루앙 대성당에 탑을 추가로 건설하는 바람에 사람들은 이를 '버터 탑^{Tour de beurre}'이라고 부를 정도였다.

이렇게 돈으로 버터 먹을 권리를 사려고 했던 사람들이 많았지만, 그 부당함을 알려 권리를 확보하고자 했던 사람들도 있었으니 바로 16세기 초 종교개혁을 이끈 인물들이다. 1520년에 마르틴 루터는 "금식은 자유의사에 맡겨져야 하며 모든 종류의 음식을 자유롭게 먹을 수 있어야 한다"고 주장하면서 버터 허가증은 당장 폐지되어야 한다고 역설한다. 이에 독일을 비롯한 중북부 유럽인들이 금식일에 의도적으로 버터와 소시지를 먹으면서 루터의 개혁을 지지했고, 1523년에 스위스 종교개혁가 츠빙글리는 "모든 기독교 신자는 무엇이든 자유롭게 먹을 수 있다. 치즈와 버터에 대한 교회의 규정은 사기"라고 주장하는 글을 발표했다. 이후 개최된 트리엔트 공의회에서 면죄부의 폐단과 폐해가 언급되면서 면죄부 판매는 점차 사라지게 되었고, 금식일 금지 식품이던 버터는 점차 그 진가를 인정받기 시작했다. 버터는 17세기에 프랑스 미식의 꽃이 되었으며 18세기에는 버터 용기가 새로운 식탁 장식품으로 주목받을 정도로 인기 식품이 되었다.

식사를 위한 공간의 탄생

르네상스 시대에 이탈리아 사람들의 해변 별장에는 중세에 없던 식당이 등장한다. 고전 인문학자들의 자료를 살펴보던 중에 식당에 관한 정보를 얻게 된 르네상스 사람들은 고대의 별장과 생활 양식을 재현하고자 했다. 고대 별장에는 오롯이 식사를 즐기는 공간이 별도로 마련되어 있었다. 이를 모방해 르네상스 사람들은 아름다운 자연과 문명을 조화롭게 안배하는 식당을 구상했는데, 식당 전면에 정원을 배치하고 겨울에는 문을 닫아 온기를 보존하며 여름에는 문을 열어 쾌적하게 생활할 수 있도록 설계했다. 더불어 공동 식사가 원칙이던 중세의 관습에서 벗어나 사생활을 누리고자 하는 욕구가 분출하면서, 가족과 친지들만이 사용하는 식당이 만들어졌다. 그러면서 식당은 손님을 맞이하는 응접실과 정찬과 연회를 여는 용도의 살라*sala*, 개인적으로 사용하는 살레타*saletta*, 가족만을 위한 공간인 카메라*camera*로 구분되었다.

식당에서 지인들과 식사하며 담소를 나누는 모습을 묘사한 태피스트리
칸디드, <1월>, 1610년경

하지만 중북부 지방의 처지는 달랐다. 일단 날씨가 이탈리아처럼 야외 식사를 즐길 만큼 온화하지 않았고, 더구나 프랑스는 종교 전쟁으로 나라 전체가 혼란에 빠져 있었다. 그렇지만 사생활 개념이 인지되기 시작한 것은 분명해서 르네상스 시대에 프랑스의 성에는 귀족들만 단독으로 식사할 수 있는 살르 오트*salle haute*가 있었고, 하인들의 식당은 아래쪽에 별도로 두었다. 16세기 후반에는 사람들이 자신의 방이 아닌

살레트*sallette*라는 별실에서 식사하는 경향이 두드러졌고, 이러한 관습은 점차 확대되어 '먹는 공간'이라는 의미로 살라망제*salle à manger* 또는 살레트 아 망제*sallette à manger*라는 명칭이 사용되기 시작한다.

식탁 예절에 열중한 사람들

이탈리아에서는 르네상스식 요리법과 식사법이 발달하고 있었으나, 금방 유럽 전역으로 퍼져나가지는 못했다. 플라티나의 책은 거의 반세기 늦게 프랑스에 알려졌고 그 영향도 미미해서 16세기 후반이 되어서야 달콤한 요리와 유제품을 활용한 요리가 약간 늘어나는 정도의 변화만 있을 뿐이었다. 오히려 구텐베르크의 활자 인쇄술이 발명되면서 이를 기점으로 16세기 중반 이후 필사본으로 남아 있던 요리책들이 폭발적으로 출간되는데, 대표적으로 프랑스에서는 여러 왕의 수석 요리사였던 일명 타이방*Taillevant*이라 불리는 기욤 티렐*Guillaume Tirel*이 14세기 초에 집필했던 『르 비앙디에*Le viandier*[7]』가 1480년부터 1520년까지 15

---

[7] 현대 프랑스어에서 사용되지 않는 비앙디에라는 단어는 현재에는 고기를 의미하나 과거에는 음식 전반을 가리켰던 비앙드(viande)에서 파생된 단어로서 중세에는 요리사를 뜻했다.

쇄나 인쇄될 정도였다.

굳어진 요리법이 변화하는 데는 오랜 시간이 걸리지만, 공동 식사 관행이 쇠퇴하고 사생활이 중시되는 방식으로 사회 분위기가 변화하면서 계층 간의 격차는 더욱 벌어졌다. 상류층의 생활 양식을 동경하는 경향이 조성되면서 요리 자체보다 르네상스식 식탁 예절에 초점이 맞춰지기 시작한다. 대표적으로 16세기에 네덜란드의 에라스뮈스*Erasmus*가 집필한 『소년들을 위한 예절론*De civilitate morum puerilium*』은 출간 직후 6년 동안 30판 이상이 인쇄될 정도로 폭발적인 호응을 얻었다. 르네상스 시대에 이탈리아의 도시국가에 거주하는 도시민에게는 '시빌리타스*civilitas*', 즉 시민의 신분에 걸맞은 적절한 행동, 요컨대 시민으로서의 예절이 요구된다는 인식이 있었는데, 에라스뮈스의 예절론은 모든 시민이 사회적으로 올바른 개인으로 성장하기 위해서는 바른생활 교육이 근본적으로 필요하다는 것을 강조하는 책이기 때문이다.

물론 중세에도 식사 예절이 전혀 없었던 것은 아니었다. 앞서 보았듯이 공동의 음식을 손으로 집어 먹었고 식기를 함께 사용했으므로, 무엇보다 손의 청결 유지와 공용 식기의 깔끔한 사용법이 강조되었다. 그런데 이제 시대와 사회가 변했고 예절도 바뀌었다. 식기를 적절하게 사용하면서 하층민과 구분되는 올바른 식탁 예절로 고귀한 신분과 지위에 어울리는 사람이 되어야 했다. 르네상스 시대의 사람들은 좀 더 나은 자신을 완성한다는 의미에서 매너라 불리는 각종 예절을 열성적

둥근 주름 칼라 의상

으로 추구하게 된 것이다.

사람들이 음식을 손으로 게걸스럽게 집어 먹는 행동을 경멸하기 시작하면서 접시, 굽 달린 투명 유리잔, 은제 식기류 등의 새로운 도구들이 등장했다. 특히 상류층은 지저분한 음식 얼룩으로부터 자신들의 값비싼 의상과 고급 식탁보를 보호하기 위해 개인용 냅킨을 사용하게 되었다. 처음에 냅킨은 주로 입을 닦기 위해 사용되었고, 평상시에는 잘 쓰지 않다가 중요한 연회에서는 사용법을 제대로 알고 있음을 보여주기 위해 냅킨을 사용했다. 당시 예절서에는 냅킨을 왼쪽 어깨 위에 올려놓으라고 가르쳤는데 이처럼 손이나 어깨 위에 걸치던 냅킨을 목에

냅킨 접는 갖가지 방법을 소개한 책, 1639년

걸게 된 것은 16세기에 유행했던 둥근 주름 칼라 의상 시대부터였다. 그러다 17세기에 이 의상 유행이 사라지면서 오늘날처럼 냅킨을 무릎 위에 올려놓는 관습이 생겨났다. 냅킨은 항상 깨끗해야 했으므로 상차림이 한 차례 끝날 때마다 식탁보와 냅킨을 새로 깔았다. 과일이나 새 혹은 배 모양으로 접은 리넨 천의 냅킨은 주인의 부를 드러내는 상징이 되었고, 18세기에 이르러서는 냅킨이 더욱 환상적인 예술 작품으로 발전해 그 자태를 뽐내게 된다.

카트린 드 메디시스

프랑스 요리의 발전은 1533년에 이탈리아 메디치 가문의 카트린이 후에 프랑스의 앙리 2세가 되는 오를레앙공 앙리와 결혼하고 이탈리아의 다채로운 음식 문화를 프랑스 왕궁에 들여오면서부터 시작된다. 요리사와 파티시에, 사환들을 동반한 것은 물론 각종 조리 도구, 두 개의 날이 달린 포크, 자기로 만든 개인 접시, 굽이 달린 유리잔 등 각양각색의 식기류를 가득 가져왔고, 다양한 조리법과 식탁 예절 등 요리 기술 전반을 시연하며 이탈리아의 선진 문화를 프랑스 궁정에 전파했다.

그들은 흰 강낭콩, 송로버섯, 아티초크 같은 새로운 요리 재료를 소개하고, 과즙에 물과 설탕 등을 넣어 얼린 소르베와 아이스크림, 마멀레이드 잼, 거품이 이는 무스, 상큼한 오렌지를 곁들인 오리고기구이 요리를 프랑스 궁정에 선보였다. 당시 이탈리아를 제외한 대부분의 유럽 궁정에서 선호했던 재료는 백조, 공작, 왜가리, 사슴 등이었고, 주로

구이와 진한 포타주, 삶아서 우려낸 국물, 경단이나 파이 요리로 조리
되었다. 여기에 별미로 닭의 볏, 송아지나 돼지의 간이나 뇌로 만든 스
튜, 엉겅퀴 심지 튀김 같은 것을 곁들이는 정도였다. 그러니 프랑스인
들로서는 전통적으로 포타주에 넣어 먹었던 채소를 별도의 고명으로
차려내는 별난 요리를 맛보고서 엄청난 충격을 받았을 것이 틀림없다.

이후 앙리 2세와 그의 아들인 앙리 3세의 궁정 식단에서는 다양한
유형의 고기 요리와 새로운 과일과 채소를 활용한 요리들이 소개되었
고, 앙리 2세가 사망한 뒤에 카트린 드 메디시스는 수시로 연회를 개최
하면서 프랑스 궁정의 만찬 양식 구성에 큰 영향을 끼쳤다. 선대왕인
프랑수아 1세 궁정에서는 혈액보다 낮은 온도의 포도주를 마시면 신

체 조화를 깨뜨린다는 이유로 포도주를 따뜻하게 마시는 것이 관례였는데, 이제는 이탈리아식에 따라 지하 저장고에서 꺼내 바로 마시거나 샘물이나 눈 속에 담가 차갑게 마시는 방식이 자리를 잡게 되었다. 완벽을 추구하는 카트린의 요리 철학과 세련된 식사 예절, 그리고 능숙한 식사 도구 사용은 프랑스 귀족 계층에게 모범이 되었다. 시금치, 마늘, 철갑상어알, 송로버섯 등 카트린이 좋아했던 재료를 활용한 요리가 등장했고, 후에 카트린의 사촌인 마리 드 메디시스도 앙리 4세와 결혼하면서 프랑스 요리는 중세의 강한 향신료에서 벗어나 로즈메리, 세이지, 오레가노, 바질 같은 허브에 관심을 보이게 되었다. 이제 프랑스 요리사들은 향신료 대신 점차 재료 자체의 맛을 추구하며 고기는 본연의 육즙으로, 생선은 생선 육수로 맛을 내기 시작한다.

그렇기는 해도 16세기 후반에 파리에 온 베네치아 대사의 눈에는 여전히 식탁 위에 음식을 쌓아놓고 고기만 잔뜩 먹어대는 프랑스인의 무절제한 식습관이 못마땅했다는 기록이 있으니, 아직은 세련된 음식 문화로 변화했다고 할 수는 없었다. 하지만 17세기 중엽이 되면 프랑스의 요리법은 완전히 바뀌게 된다. 카트린의 영향으로 변화하기 시작한 음식 문화는 서서히 프랑스 전역에 퍼졌고, 마침내 부르봉 왕조에서 미식가 앙리 4세와 그의 손자인 루이 14세에 의해 화려하고 찬란한 프랑스 궁중 요리로 만개하게 된다.

콜럼버스 이후 새로운 식품의 등장

식생활에서 무엇보다 중요했던 고가의 향신료를 중간 상인의 개입 없이 산지에서 직접 구매할 수 있다면 훨씬 많은 이득이 있을 거라는 생각은 유럽 열강이 앞다투어 새로운 무역로를 개척하려는 시도로 이어졌다. 15세기 말에 세 개의 돛대를 갖춘 튼튼한 상선이 개발되면서 기존의 난관들이 해결되자 각국은 신세계를 찾아 떠났다. 그러나 그들이 그토록 찾았던 향신료는 그곳에 없었고, 완전히 새로운 식품들이 유럽 대륙에 등장하게 되었다. 옥수수, 감자, 토마토, 강낭콩, 고추, 피망, 칠면조 등의 식품이 유럽으로 유입되었고, 각종 채소 종자, 밀, 이집트콩, 사탕수수는 유럽에서 신대륙으로 보내졌다.

콜럼버스의 항해 이후에 유럽에는 신기한 식료품들이 쏟아져 들어왔지만, 조상 대대로 내려온 식습관이 일순간에 바뀌지는 않았다. 사람들은 낯선 세계에서 들어온 이질적인 음식을 선뜻 먹으려 들지 않았고, 이와 같은 식품들이 유럽인의 식단에 올라가기까지는 대략 300년 정도의 시간이 필요했다. 옥수수와 같은 곡식들은 가축 사료로는 괜찮다고 생각했으나 사람이 먹을 수 있다고 생각하지는 않았고, 이국적이고 낯선 식품도 기존 식품과 관련지어 이름을 붙일 정도였다. 예를 들어, 프랑스에서 감자는 '땅에서 나는 사과*pomme de terre*'라 불렀고, 초기 토마토가 노란색이어서 이탈리아에서는 토마토를 '황금 사과*pomodoro*'라 했다. 하지만 기존 음식과 유사했던 식품은 비교적 쉽게 받아들였다. 대표적인 음식이 칠면조와 콩류인데, 가금류를 즐겼던 유럽인들은 크기가 커서 배불리 먹을 수 있는 칠면조를 좋아했고, 칠면조는 곧 왜가리, 백조, 공작 등을 대신하게 되었다. 강낭콩과 같은 신대륙의 콩류도 기존의 병아리콩이나 렌즈콩을 닮았기 때문에 금세 수용되었다.

프랑스 요리의 정체성이 만들어지다

흔히 중세 요리는 지역별 차이 없이 비슷비슷하다고 알고 있지만, 시간이 흐르면서 차츰 차이가 나타나며 이른바 요리 정체성이 드러나기 시작한다. 물론 향신료와 신맛을 좋아한다는 근본적인 취향은 다르지 않았으나 선호하는 재료나 조리 방법에서는 조금씩 차이가 났다. 『르 메나지에 드 파리』에는 지방에 따라 식품에 대한 기호와 조리 방식이 다르다고 기술되어 있는데, 북부 지방에서는 소금 통에 돼지를 보관해서 비계를 만들고, 남부 지방에서는 양고기를 염장한 뒤 화덕에 거꾸로 매달아 놓는다고 적어 놓았다.

또한 당시의 요리책을 살펴보면 국가마다 맛에 대한 기호가 다른 것을 알 수 있다. 14세기에 프랑스에서는 신 포도즙이나 식초를 넣어 신맛을 강조했으나 영국과 이탈리아에서는 꿀이나 설탕 혹은 과일을 넣어 달콤한 풍미를 살리려 했고, 특히 이탈리아에서는 신 포도즙보다

감귤류즙을 사용해 감미로운 맛을 내려 했다. 독일은 프랑스처럼 신맛을 선호하지만, 단맛이 나는 재료를 살짝 가미해 새콤달콤한 맛을 내려 했다는 점에서 이탈리아, 영국과 비슷했다. 선호하는 음료도 달랐는데, 영국은 에일 맥주와 프랑스 남서부 지방에서 생산되는 가스코뉴 포도주를 좋아했고, 프랑스에서는 신맛이 나는 백포도주를 선호했다. 향신료에 관해서도 마찬가지여서 프랑스 요리책에는 생강이 자주 등장하지만, 이탈리아에서는 사프란을 널리 사용했다.

이처럼 지역별로 재료와 조리 방식에 차이를 보이면서 차별화된 요리 문화가 점차 만들어졌고, 르네상스 시대가 되면 국가별 요리 정체성에 대한 윤곽이 드러난다. 17세기에 프랑스 요리가 유럽에서 지배적 위치에 오르기 전부터, 이미 프랑스 요리에 대한 프랑스인들의 자부심은 상당했다. 프랑스 요리가 우월하다는 인식이 더욱더 굳어지면서 사람들은 궁정 요리를 프랑스의 자랑이라 여겼고, 탁월한 요리 감각을 지녔다는 자긍심은 프랑스의 정체성을 대변하는 요소로 뿌리내리게 되었다.

Chapter 4

미식을 권력의 도구로 삼은 절대왕정의 시대

'위대한 세기'의 태동

　17세기는 프랑스 요리가 주목받고 혁명적인 요리라는 찬사를 받으면서 독자적인 특성을 구축하기 시작한 '위대한 세기'였다. 마침내 프랑스는 대동소이했던 중세의 요리에서 탈피해 음식의 질과 맛을 살린 혁신적 요리를 탄생시킨 것이다. 그 결과 프랑스 요리는 유럽 전역에서 하나의 기준으로 자리 잡았고 그 명성은 드높아져 갔다. 곳곳에서 프랑스 요리가 찬사를 받으면서 프랑스 문화와 베르사유 궁전의 일거수일투족은 모든 유럽 왕실이 선망하는 대상이 되었고, 프랑스어는 유럽 상류층의 공용어로 채택되었다.

　중세 말에 유럽을 휩쓴 흑사병으로 엄청난 인구가 손실되어 심각한 구인란이 닥치자 임금 인상은 불가피해졌다. 인구 감소로 임금은 상승했고 기본 생필품의 가격은 하락하게 되니 사람들은 더 많은 식료품과 공산품을 살 수 있게 되었다. 차츰 생활 형편이 나아지고 소비가 증가하면서 상업은 다시 활성화되었다. 인구 감소로 농산물 가격은 하락했지만, 공산품은 상대석으로 높은 가격을 유지했으므로 소득은 농촌에서 도시로 옮겨갔고, 농촌보다는 도시 중심의 사회가 되면서 근대 초 유럽의 도시들은 지역과 국가의 경제 중심지로 성장했다. 이와 같은 변화에 힘입어 지주보다는 상인과 은행가의 영향력이 더욱 커졌다.

토지와 자본이 상대적으로 풍부해지면서 지대와 이자 수입이 떨어지자, 영주들은 압박을 느끼고 경작지를 목초지로 전환하게 된다. 넓은 목초지에 양치기 몇 명을 고용해 양들을 방목하는 편이 많은 수의 농민에게 임금을 지급하며 곡물을 재배하는 것보다 수익이 더 많았기 때문이다. 게다가 양모 가격이 계속 오르고 동유럽에서 값싼 곡물이 수입되면서, 경작지를 목초지로 전환하는 움직임은 더욱 가속화되었다. 지금껏 울타리 없이 공동 경작과 방목을 해왔던 땅에 영주가 이제 울타리를 치고 소유권을 주장하게 되면서 농사지을 땅이 부족해진 가난한 농민들은 부농의 날품팔이가 되거나 마을을 떠날 수밖에 없었다. 무너진 마을 공동체에서 쫓겨난 주민들은 부랑자나 도시 빈민이 되었다.

지역마다 제각각이던 밀의 가격은 점차 평준화되었고 유럽은 단일 곡물 시장이 되어 갔다. 시장에 곡물을 공급하는 대규모 농장과 양모 생산을 위한 목장들은 번성했지만, 전반적인 농업 생산성은 쇠퇴했다. 그러나 근대 초 대다수 사람은 여전히 농촌에 살며 농사를 지었고 농업이 주된 경제활동이었으므로, 흉작이 되면 식량 부족뿐 아니라 경제 위기도 초래했다. 소득이 줄면 구매력이 축소되고 수요가 감소하며 일자리도 줄어든다. 이런 악순환이 반복되자 농업은 생산성 향상을 위한 과감한 시도보다, 안정적인 생산을 유지하는 쪽을 선택하게 되었다. 농사법은 중세 이래로 변화가 거의 없이 밀과 호밀 위주로 경작했고 보리나 귀리, 채소류를 부수적으로 재배했다. 지력 고갈이 매우 심한 밀과 호밀 농사는 주기적인 휴경이 필요했고 생산성도 한계가 있었다. 육류 소비가 적어서 단백질과 지방을 보완하는 우유와 유제품 생산이 굉장히 중요했으므로, 소는 식용 목적으로 키우는 동물이 될 수 없었다. 축력을 이용하고 거름을 얻는 소나 양모 생산을 위한 양, 이동 수단인 말도 식용은 아니었고, 돼지만이 식용으로 키우는 동물이었는데, 돼지는 사람과 똑같이 곡물을 먹이로 삼는다는 결정적인 단점이 있었다. 이와 같이 근대 초 유럽의 농업과 농촌은 중세의 봉건적 상태에서 벗어나지 못한 상태였다.

기독교 중심의 봉건 사회는 절대왕정의 등장으로 조금씩 변화된다. 국가가 군사력과 조세를 독점하면서 영향력을 확대해 나갔고, 경제적 혜택은 불균등하게 배분되면서 각 신분의 위상에도 변화가 감지되었다. 근대 초 유럽에서 군주는 정치적이고 법적 강제력을 독점하는 대신, 귀족은 사회경제적 특권을 부여받아 평민과 구분되는 명예를 누리면서 지주로서 농민에 대한 권리도 행사했다. 귀족들은 정치적 권력은 상실했으나 각종 전쟁에 참여하면서 전사의 지위를 얻었고, 정부, 군대, 교회의 요직을 차지하면서 사회 지배층으로서 권위를 유지하고 있었다.

종교개혁으로 교회의 권위가 흔들리던 15세기 말, 콜럼버스의 아메리카 대륙 발견은 유럽인들의 세계관에 결정적인 균열을 가져왔다. 신대륙의 진기한 생물과 자원이 물밀듯이 유입되면서 기존의 분류체계와 가치관은 완전히 흔들렸다. 이런 상황에 직면하니 새로운 철학적 사고와 과학적 방법론이 요구되었고, 각국은 학술 진흥과 기술 개발에 관심을 두기 시작한다. 또한 르네상스를 거치면서 천대받던 기술 장인들을 재평가하게 되었는데, 레오나르도 다빈치와 같은 공방 출신 천재들이 르네상스 시대를 빛내면서 사람들의 인식도 바뀌게 된 것이다. 도구를 개발하거나 개량하고 이를 활용해 관측과 실험을 거듭하면서 과학자들은 자연현상을 새롭게 발견해 나갔다. 자연과학의 눈부신 발전을 발판으로 삼아 마침내 과학혁명의 시대가 도래하게 되었다. 천문학의 비약적인 발전은 다른 분야의 연구도 촉진해서 인체 연구에 박차를 가했던 과학자들은 돼지나 개의 해부로 얻은 지식에 근거했던 갈레노스의 해부학에 의존하는 것이 아니라 직접 인체를 해부해 올바른 의학 지식을 얻게 되었다.

향신료를 버리고 새로운 맛을 발견하다

　과학혁명은 음식 문화에도 영향을 끼쳤다. 중세를 지배했던 갈레노스의 혈액 생성론[8])과 체액 이론은 1628년에 영국의 의사 하비가 혈액 순환론을 발표하면서 무너지기 시작했다. 혈액이 새로 생성되는 것이 아니라 몸 안을 순환한다는 사실이 밝혀지자, 영양학과 건강이라는 명목으로 음식에 가해졌던 제한 역시 설득력을 잃었다. 그 결과 식품 선택의 폭이 넓어졌고, 요리는 한층 자유로워졌다. 존재의 대사슬과 음식의 위계, 체액 이론을 근거로 날것의 섭취가 금지되었던 채소와 과일은 이제 인기 품목이 되었고 다양한 버섯도 즐기게 되었다. 향신료는 오랫동안 사회적 지위의 상징이었으나 수입량이 증가해 광범위한

8)　갈레노스는 음식을 섭취하면 간에서 혈액으로 변하고, 이 혈액이 심장에서 폐를 거쳐 온몸으로 퍼져나가며 영양을 공급하는데, 혈액은 온몸을 돌면서 조직에 영양분을 주고 소모되는 것이므로, 계속해서 생성되어야 한다고 주장했다.

계층에서 풍족하게 사용할 수 있게 되면서 이제는 상류층이 점차 멀리하기 시작한다. 13세기까지 최고의 가치를 누렸던 후추는 교역량이 늘어나면서 점차 보편적인 식품이 되었다. 더 이상 사치와 부의 상징이 아니게 되자, 귀족들은 향신료 사용을 꺼리게 되었다. 대신 인근 지역에서 재배되는 부추와 양파, 버섯에 관심을 가지고 파슬리, 타임, 실파 등을 사용하며 상류층을 열심히 모방하던 부르주아와 차별화하고자 했다.

향신료의 사용이 줄자 뒤섞인 맛이 사라지면서 단맛과 짠맛이 구분되기 시작했다. 17세기 중반 이후 설탕 생산이 급격히 증가해 설탕의 희소성이 사라지자, 단맛과 짠맛을 구분하기 시작했고 18세기 중반이 되면 소금은 모든 요리에 사용되게 된다. 반면 온갖 음식에 설탕을 뿌려대던 관습은 사라지고 원래부터 단맛이 나는 음식에 집중적으로 사용되는 것으로 바뀌었다. 예전에는 단 음식이 코스마다 등장했지만, 새로운 프랑스 요리에서는 코스가 끝날 때까지는 주로 소금과 후추를 사용하여 요리하고 마지막 코스에서 단 음식이 제공되었다. 17세기 말에는 마지막 코스에 나오는 단 음식을 디저트라고 부르기 시작했다.

또 다른 중대한 변화는 시각적 만족을 추구하는 요리에서 맛을 추구하는 요리로 변모된 것이다. 재료 본연의 맛을 즐기려는 욕구가 분출되면서 염장이나 건조, 훈제된 식품의 소비를 줄였고, 조리법에서도 삶은 다음 다시 굽는 이중 요리법[9]도 사라졌다. 고기 부위에 따라 약한 불로 익히거나 화로에서 굽고 튀기는 등 구이 방식을 달리해 풍미를 보존했다. 또한 재료의 맛을 지켜주는 순동 냄비를 사용해 조리했고, 버터를 넣어 감칠맛을 더했다. 이제 요리는 향신료를 덜 넣고 재료의 변형을 최소화한 부드러운 맛을 지향하게 되었다. 음식에 인위적인 색깔을 더하지 않고 재료 본연의 색을 살린 녹색 채소, 붉은색 고기, 흰 빵을 내놓았다. 신맛 나는 식초와 신 포도즙 대신 소금과 설탕을 이용해서 채소와 과일의 맛을 보존했고, 신 백포도주 대신 적포도주와 로제 포도주, 클라레를 선호하게 되었다. 자연스러운 맛을 추구하게 되자 거창하게 장식한 화려하고 과장된 요리와 각종 공연으로 연출된 중세식 연회도 차츰 자취를 감추게 되고, 과시적 시각 효과나 공연 없이 오롯이 음식의 맛을 즐기게 되었다.

음식 접대 방식도 바뀌었다. 중세에는 육류 음식을 통째로 차리는 경우가 많았다. 토끼나 양은 한 마리 전부, 꼬치에 꿰어 통째로 구운 돼지나 커다란 고깃덩어리가 식탁에 차려졌다. 그래서 칼과 2개의 날이 달린 포크를 사용해 고기를 자르고 분배하는 것은 매우 중요한 일이었다. 이 역할을 담당하는 시종은 초기에는 귀족이, 나중에는 주인의 신뢰를 얻은 하인이나 집사만이 맡을 정도였다. 그러나 17세기가 되자 프랑스 상류층에게 식탁 위에서 고기를 자르는 기술은 고귀한 귀족에

9)　현대인에게 낯선 중세 조리법 중 하나는 고기를 물에 넣고 푹 끓이거나 삶는 후에 굽는 이중 요리법이다. 이는 고기 표면에 생길 수 있는 미생물 오염을 방지하고 고기의 맛을 부드럽게 할뿐더러 국물도 얻을 수 있었기 때문에 선택된 조리 방식이었다.

136

게 꼭 필요한 능력으로 여겨지지 않았고, 커다란 고깃덩어리를 식탁 위에서 직접 자르는 관례는 점차 사라진다. 직종이 다양해지고 생산과 제조 활동이 가계에서 분리되면서 고기 자르는 일은 이제 정육점이나 부엌에서 담당하는 일이 되었다. 적당하게 잘린 고기는 절대 옆 사람 몫을 만지지 않고 오른손 세 손가락의 첫 번째 마디만을 사용해서 먹는 방식이 올바른 예법이었다. 이 예법 탓에 궁중에서는 오랫동안 포크 사용을 꺼리게 되는데, 포크를 사용하면 상류층과 하류층을 구별하는 이 우아한 예법을 제대로 실행할 수 없다고 생각했다. 실제로 프랑스에서는 포크가 다른 나라보다 훨씬 나중에 일반화된다.

선호하는 육류도 바뀌었다. 공작, 백조, 두루미, 왜가리 같은 조류나 칠성장어와 고래가 식탁에서 사라지기 시작했고, 소고기, 송아지고기, 양고기가 최고로 대접받았다. 돼지고기는 새끼 돼지 구이나 햄의 형태로 소비했고, 가금류로는 닭, 오리, 멧새, 물오리, 비둘기, 사냥 고기가 사랑받았으며 칠면조는 연회에서만 사용되었다. 대혁명 전까지도 사냥은 여전히 귀족계급의 전유물이었으므로 사냥 고기를 섭취할 수 있는 특권은 사회적 지위를 드러내는 상징이었다. 종교개혁으로 금식일이 폐지되었지만, 가톨릭 국가에서는 여전히 금식일을 지켰기 때문에 생선은 많이 소비되었다.

베르사유궁에서는 온실을 이용해 한겨울에도 아스파라거스와 딸기를 생산하는 등 다양한 과일나무와 채소를 재배했다. 온갖 종류의 버

귀족의 전유물이었던 사냥감을 그린 정물화는 17~18세기에 유행했고, 귀족들은 자신의 지위와 특권을 과시하는 이 그림들을 자랑스럽게 벽에 걸어 놓았다.
(좌) 우트레히트, <사냥물과 채소가 있는 정물>, 1648년 (중) 베르게, <죽은 새가 있는 정물>, 1624년 (우) 헤르만, <바위에 놓인 사냥새가 있는 정물>, 1644~1675년 사이

섯, 송로, 아티초크, 상추, 특히 콩을 활용한 요리가 등장했고, 채소는 앙트르메의 단골 재료가 되었다. 17세기 말에는 샴페인 제조법이 개발되어 샴페인의 소비가 증가했고, 초콜릿과 차, 커피도 등장했다. 16세기에 남아메리카에서 들어온 초콜릿은 꿀이나 설탕 또는 바닐라나 계피를 가미해 유럽식 입맛에 맞게 변형해서 마시곤 했다. 1670년대에 프랑스의 식민지인 마르티니크섬에서 초콜릿을 재배하면서 가격이 저렴해지자 많은 사람이 즐기게 되었다. 17세기 중반에 베네치아 상인들이 마르세유에 커피콩을 들여오면서 프랑스에 알려지기 시작한 커피는 1669년에 오스만제국의 프랑스 주재 대사가 주최한 연회를 계기로 프랑스 왕족과 귀족을 사로잡았고 17세기 후반부터 카페 문화가 꽃피우게 된다.

138

독보적 위치에 오른 프랑스 요리

프랑스 요리가 반세기 만에 유럽에서 독보적인 위치를 자치할 수 있었던 것은 무엇보다 시대 변화를 재빨리 감지하고 시기적절하게 대처한 요리사들의 역할이 컸지만, 이외에도 몇 가지 요인이 손꼽힌다.

첫 번째 요인은 17세기 중반부터 18세기까지 프랑스에서 출간된 요리책이 230여 종류라는 사실이 말해주듯이 인쇄술의 발달로 새로운 조리법을 체계화하려는 시도가 쏟아졌다는 점이다. 그 이유 중 하나는 중세부터 사용되던 빵 접시인 트랑슈아가 자기나 양은 또는 금이나 은 접시로 대체되었다는 것이다. 표면이 단단해서 음식을 담아도 눅눅해지지 않고 칼과 포크를 사용하기도 쉬워지면서 조리 방식을 다양하게 시도한 요리를 선보일 수 있게 되었기 때문이다. 요리책이 줄지어 출간되었다는 것은 상류층이 요리와 음식에 흥미를 보이면서 책을 통해 새로운 요리가 확산할 수 있는 사회적 환경이 조성되었다는 의미이기

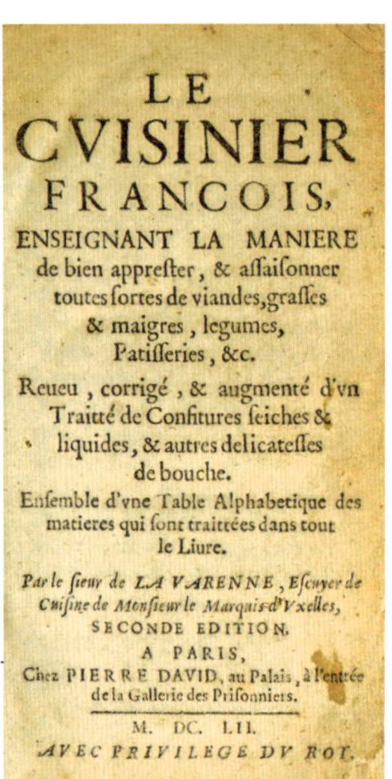

1678년에 발행된
라 바렌의
『프랑스 요리사』
제2판 표지

도 했다. 더불어 상업적 성공으로 사회적 입지를 다진 부르주아 계급을 견제하는 상류층 귀족들이 새로운 요리 스타일을 개발해 부르주아와 차별화하고자 한 목적도 한몫했다.

1651년에 출간된 라 바렌*La Varenne*의 『프랑스 요리사*Le cuisinier françois*』는 프랑스 요리의 서막을 올린 책이었다. 16세기 초에 플라티나의 요리책이 프랑스어로 번역되어 소개된 지 100년도 훨씬 지나서 프랑스에서 처음 발간된 요리책인 이 책은 출간되자마자 선풍적인 인기를 끌었다. 출간 이후 18세기 중반까지 61판이나 인쇄되었고 발행 2년 후에는 영국에서 번역본이 나왔으며, 각 나라에서 '프랑스풍' 요리법을 소개하기 시작했다. 이 책이 등장하기 전까지 유럽 사람들의 인식은 가장 세련된 요리로 이탈리아 요리를 꼽았다. 프랑스 요리도 14세기 말에 니온 타이방의 『르 비앙디에』와 16세기 초의 플라디나의 요리책을 교본으로 삼고 있었다. 16세기와 17세기에 이탈리아의 문화를 전파하는 예술가와 요리사가 대거 프랑스로 들어왔다는 사실만 봐도 프랑스 사회에서 대하는 이탈리아 문화의 위상을 짐작할 수 있을 정도였다.

그러나 이 책을 시작으로 프랑스 요리는 이탈리아 요리 대신 유럽을 이끄는 위치로 올라선다. 『프랑스 요리사』는 체액 이론과 존재의 대사슬에 근거한 중세 요리에서 벗어나, 요리의 맛을 강조하는 혁신적인 요리법을 제시했다. 조리법을 체계적으로 정리해 가독성을 높였는데, 크게 육식일과 금육일로 나눈 뒤 포타주, 앙트레, 앙트르메와 같이 메뉴를 기준으로 조리법을 분류했다. 여기에 효율적인 조리 비법까지 덧붙여 실용성을 높인 것도 성공 요인이었다. 그는 가재나 조개류를 재료로 한 걸쭉한 수프와 우유, 밀가루, 버터로 만든 베샤멜 소스를 최초로 소개했으며, 빵조각 대신 버터와 밀가루를 섞은 루*roux*를 소스의 기본으로 추천했다.

다른 유럽 국가들이 여전히 중세의 입맛에 맞춘 요리에 머물러 있을 때, 프랑스 요리는 과감하게 과거와의 결별을 선택했다. 향신료가 뒤범벅된 화려한 요리 대신 변화된 상류층의 취향에 맞춰 재료 본연의 맛에 충실한 요리를 강조했다. 지금껏 멸시되던 채소를 적극적으로 활용했으며, 라 바렌은 수프류의 요리에 좋은 향기가 나도록 파슬리, 타임, 월계수, 셀러리 등을 묶어 놓은 허브 다발의 사용을 권장했다. 16세기에는 식용 식물에 관한 관심이 폭발하고 새로운 과학과 의학 지식이 연이어 등장하면서, 라 바렌의 요리법이 주목받을 수 있는 환경이 조성되었다. 그는 체액 이론과 의학적 견해에 따라서 습하고 독한 재료라 배제되었던 버섯을 중요한 음식 재료에 포함했고, 특히 습한 땅에서 자라는 송로버섯을 귀한 재료로 활용했다.

시대 변화를 간파한 라 바렌은 요리의 방향을 과감히 전환하며 프랑스 요리를 차별화했다. 그가 선보인 프랑스식 고급 요리 '오트 퀴진*haute cuisine*'은 단순한 조리법으로 개별 식재료의 고유한 식감과 향을 강조한 것이 특징이었다. 이러한 라 바렌의 요리법에 영향을 받은 요리사들이 잇달아 등장했고, 그들이 새로운 요리책을 연이어 발간하면서 프랑스식 요리는 유럽 요리를 이끄는 중추로 자리매김했다. 궁정과 귀족들의 취향을 겨냥한 프랑스식 오트 퀴진은 곧 유럽 왕실과 귀족들이 선망하는 대상이 되었고, 루이 14세 시대의 베르사유는 유럽의 모든 궁정에 이상적인 본보기로 등극했다. 이제 프랑스는 패션과 예술, 그리고 요리에서 유럽 상류층의 문화를 주도했고, 프랑스적인 모든 것은 유행의 선두에 섰다. 예술적인 프랑스 요리를 문자로 기록한 요리책들은 유럽의 궁정들과 귀족 사회는 물론, 그 외의 계층에게까지 동경의 대상이 되었다. 이 요리책들을 통해 프랑스 요리의 진미와 기교를 정의하는 규칙과 기술이 정립되었고, 이는 19세기에 프랑스 요리가 세계 최고의 요리로 우뚝 서는 데 중요한 역할을 했다.

18세기 중반에는 세련된 맛을 추구하는 시대 풍조에 부응해 참신한 요리법을 제안한 요리책들이 출간되었다. 1739년에 발행된 마랭_François Marin_의 『코무스의 선물_Les dons de Comus_』과 1742년에 간행된 므농_Menon_의 『신요리 개론_Nouvelle traité de la cuisine_』이 대표적이다. 마랭은 "덜 까다롭고 덜 화려한 현대 요리는 단순하고 가벼우나 훨씬 본연적이고 다양하다"고 주장했고, 므농은 '공연히 정교하게 공을 들이지 않으면서도 멋진 결과를 낳는 요리법'이라는 의미로 '누벨 퀴진_nouvelle cuisine_'이라는 용어를 사용했다. 마랭과 므농이 제창한 누벨 퀴진은 음식에 대한 새로운 사고방식이 등장하는 계기가 되었고, 획기적인 인쇄술의 발전에 힘입어 다양한 전문 지식이 전파되면서 식견 높은 독자들이 양산되자 음식과 요리는 사교계의 지적 토론에서 단골 주제가 되었다.

요리책이 발달하자 주방 업무도 체계를 갖추게 된다. 맨 먼저 다른 요리의 기본이 되는 육수용 국물인 부이용_bouillon_부터 만들고, 다음으로 양파, 버섯, 정향 등의 향신료를 이 국물에 넣고 끓인다. 여기에 아몬드, 밀가루, 빵가루를 넣어 걸쭉하게 만든 뒤에 체에 걸러 쿨리_coulis_[10]를

---

10)　18세기 후반이 되면 쿨리는 벨루테(화이트) 소스와 에스파뇰(브라운) 소스로 대체된다.

만드는데, 쿨리는 모든 소스에 감칠맛을 더해주고 포타주, 앙트레, 앙트르메의 맛을 한층 좋게 만들어 주었다. 또한 요리가 완성되면 접시 가장자리나 요리 위에 채소, 레몬 조각, 석류알 등의 고명*garniture*을 곁들여 멋을 더했다.

두 번째 요인으로는 프랑스가 가톨릭 국가라는 점이다. 16세기의 종교개혁은 1년의 거의 절반에 달하는 금식에서 벗어날 수 있게 해주었으나, 프로테스탄트 교회는 여전히 엄격한 절제를 요구했다. 반면 가톨릭에서는 7대 죄악 중 하나인 탐식은 단죄했지만, 먹고 마시는 즐거움 자체는 죄로 삼지 않았다. 적당한 절제를 권고하면서 좋은 음식이 주는 기쁨은 허용했으므로, 프랑스에서는 개인적인 쾌락을 비교적 너그럽게 보는 분위기가 형성되었다. 음식 자체를 죄악으로 보지 않고 과도함을 경계하며 절제를 요구하는 관례가 자리 잡으면서 올바른 식탁 예절을 지키고 담소를 나누며 음식을 즐기는 어울림이 중시되었고, 이것이 프랑스식 모범이 되었다.

세 번째 요인은 다른 나라에 비해 프랑스가 비교적 일찍 중앙집권화를 이루고 왕권이 강화되었다는 점이다. 프랑스의 왕들은 왕권이 강화되자 무엇보다 교회의 보호와 간섭에서 벗어나려고 했고, 그것을 상징적으로 보여주는 것 중 하나가 식탁 문화였다. 약속받은 풍요로운 땅에서 산다는 자부심이 충만했던 프랑스인들은 이웃한 프로테스탄트 국가인 영국이나 교회에 충실히 복종하는 스페인과 구분되는 독자적인 프랑스 음식 문화를 구축하려고 했다. 프랑수아 1세와 앙리 2세에서 시작된 이러한 전통이 계승되어 궁정은 오트 퀴진의 중심지가 되었으며, 궁정의 요리는 파리의 사교계를 통해 널리 퍼져나샀다. 반면 르네상스 시대에 유럽의 음식 문화를 선도했던 이탈리아의 도시국가들은 정치적 혼란에 휘말려 있었고, 영국 귀족들은 지방 영지에 머무르며 봉건적 생활을 계속했으므로 대도시 중심의 오트 퀴진이 발전할 수 없었다.

유럽에서 가장 먼저 안정적으로 절대왕정 체제를 수립한 프랑스의 수도 파리는 17세기 초부터 강력한 군주 국가의 진정한 수도가 되었다. 파리는 17세기 초에 인구가 이미 20만이 넘었고 세기말에는 100만이 넘는 대도시로 성장했다. 파리에 거주하는 귀족들과 관리들 덕분에 파리의 사교계는 활력이 넘쳤고, 루이 14세 시대의 중상주의 정책은 파리 사람들에게 쇼핑과 사치품의 소비를 부추겼다. 상업이 발달하면서 성공한 상인 계급인 부르주아라는 새로운 소비층이 등장했다. 궁정과 귀족의 생활을 동경했던 그들은 돈으로 살 수 있는 모든 요소에 아낌없이 투자했으며 식탁도 예외는 아니었다.

오히려 식탁은 귀족 생활을 모방하기에 가장 쉬운 방편이었다. 궁정은 궁정대로 경계를 유지하며 계층적 차별화를 공고히 하려고 노력했고, 부르주아는 궁정의 취향과 유행을 모방하면서 귀족과 닮기 위해 애를 썼다. 궁정 귀족과 부르주아를 구성원으로 삼은 파리 사교계에서 오트 퀴진은 날개를 달았다. 라 바렌을 비롯한 재능 있는 요리사들이 프랑스 요리 혁신을 위해 끊임없이 노력하면서, 상류층의 입맛은 이제 오트 퀴진의 새로운 맛에 길들었고 음식 본연의 맛을 구분해서 음미하게 되었다. 이제 프랑스인들은 미각에 관한 한 자신들이 탁월하다고 확신했고, 그 우월성은 음식과 기후, 그리고 식탁 예절에 이르기까지 프랑스가 다른 나라들을 월등히 능가하기 때문이라는 인식에서 비롯되어 다른 나라의 요리를 높이 평가하는 일은 드물어졌다.

이런 배경에서 요리사라는 직업은 기계적인 조리 기술이 아니라 지적 능력과 훌륭한 취향이 요구되는 기술자라는 평판을 얻게 되었고, 유럽 전역의 상류층 가문에는 프랑스 요리사가 채용되었다. 이전에 오피시에*officier*[11]나 퀴지니에*cuisinier*라고 일컫던 요리사는 새롭게 '주방의 우두머리'라는 뜻의 '셰프 드 퀴진*chef de cuisine*'이라 불리며 주방을 통제할 권한을 가지게 되었다. 이렇게 요리는 영양학이나 의학에 종속된 분야가 아니라 자체적인 언어와 자율성을 가진 독립적인 분야로 발전했다. 훌륭한 맛과 멋으로 국제적 명성을 얻게 된 프랑스 요리는 18세기에 유럽 곳곳에서 토론 주제로 떠올랐고, 이때 사용된 언어는 물론 프랑스어였다.

---

11) 오피시에는 일반적으로 군대의 장교나 정부의 관료를 나타내지만, 과거에는 귀족 집안의 관리인을 뜻하기도 했다. 예를 들어, 식사 담당 관리인은 오피시에 드 부쉬(officier de bouche, 입의 관리인)라고 불렀다.

아름다움과 조화를 중시한 프랑스식 상차림

근대의 요리 혁명은 프랑스식 상차림의 요리 제공 순서와 방법을 변화시켰고, 이는 질서와 균형, 그리고 미각과 우아함을 동시에 추구했던 17세기 정신을 반영한 결과였다. 한 번에 모든 음식을 거의 동시에 차리는 프랑스식 상차림은 점차 체계가 갖춰지면서 접대 방식도 더욱 복잡해지고 순서가 바뀌기도 했다. 훌륭한 식탁은 기하학적 아름다움이 있는 것이라는 당시의 사고방식에 기인해 요리 구성과 배치는 아주 중요한 문제가 되었다. 식탁은 건축 작품과 유사하게 너무 거대하거나 지나치게 소박하지 않게 적절한 비율과 비례에 맞춰 구성되어야 잘 어울리는 즐거운 식사가 된다고 생각했다. 모든 식사는 세 개의 서비스로 나누고 메뉴는 주요리 세 개나 세 개의 서비스로 구성했다. 건축물의 입구를 뜻하기도 하는 앙트레*entrée*[12]는 식사의 시작을 가리키는데, 먼저 진한 수프나 스튜가 제공된 후 이것이 치워진 다음에 를르베

*relevés*라 불리는 육류나 생선 요리들이 나왔다. 두 번째 서비스는 건축물의 본체와 같아서 고기와 채소 혹은 생선과 구운 고기를 기본으로 하는 본식[13]이 제공되고, 마지막에는 치즈와 건과일로 구성되는 디저트가 오는데, 이를 건축적으로 해석하면 식사의 출구가 된다.

이와 같은 삼분법은 당시의 보편적인 사고방식에 부합하는 구조였다. 공간을 삼차원으로 구분하는 방식이나 과거, 현재, 미래로 나누는 시간 인식, 대전제, 소전제, 결론으로 구성되는 논리학이 모두 같은 원리에 기반한다. 이러한 사고는 피라미드 구조나 로마의 개선문 아치, 세 개의 파사드가 있는 고딕 양식에서도 반복되어 나타난다. 물론 5개의 요리가 있는 서비스가 있을 수 있으나 그것은 삼분법의 변형에 지나지 않는다고 생각했다. 17세기 말에 오르되브르가 등장했으며 앙트레보

12)　앙트레는 하나의 요리가 아니라 식사 순서를 가리키는 말로 중세에 처음 등장하는데 소시지나 내장 요리 또는 오렌지, 복숭아, 포도와 같은 과일 등으로 여러 번 구성되었다. 14~16세기의 프랑스 식단에서 앙트레는 향신료가 들어간 시큼한 소스를 뿌린 뜨거운 육류 요리를 뜻했는데, 17세기가 되면 포타주와 앙트레의 순서가 바뀌어, 앙트레는 포타주 다음, 구운 고기 요리 전에 먹는 뜨거운 육류 요리를 가리키게 되었다.

13)　본식용 육류 요리와 앙트레나 앙트르메의 육류 요리의 차이점은 본식용은 주로 구이 요리 위주의 요리로서 가금류나 새끼 돼지 같이 한 마리 전부나 덩어리 고기가 재료였다. 반면 절단 고기나 내장육은 오르되브르, 앙트레, 앙트르메의 재료가 되었다. 또한 구이 요리(로스트)는 재료를 돼지기름으로 싸서 묶은 후 멋진 갈색이 나도록 굽는 것이 정석이지만, 다른 향신료를 첨가하여 굽거나 속을 채워 넣거나 소스나 라구로 맛을 더한다면 앙트레가 되었다. 이처럼 본식과 앙트레는 요리 부위와 조리법에서 차이가 나는 육류 요리였다. 한편 앙트레와 앙트르메의 차이점은 앙트레에는 채소가 곁들여질 수는 있어도 반드시 고기가 있어야 하나, 앙트르메는 순수한 채소 위주의 샐러드와 같은 요리도 가능했다.

다 더 작은 접시에 음식을 담아 제공되었다. 본건물의 돌출부나 부속 건물을 의미하는 오르되브르_hors-d'œuvre_ 는 세 번의 서비스에서 제공되는 음식을 제외한 요리라는 뜻으로, 앙트레 전에 포타주와 같은 따뜻한 요리를 내놓았다. 오늘날과 같이 오르되브르에 생굴, 철갑상어알, 훈제 연어, 멜론 등의 차가운 음식이 포함된 것은 19세기에 들어서이다.

식탁 위에 요리를 배치하는 것 또한 조화와 대칭을 맞춰야 했다. 프랑스식 정원처럼 기하학적 조화를 이루는 방법으로 각 상차림에 포함되는 요리의 개수는 같아야 했고, 중앙에 놓이는 중심 요리를 기준으로 똑같은 거리에 같은 특성의 요리를 배치했다. 한쪽에만 요리가 몰리지 않도록 하면서도 식탁이 비어 보이지 않게 구성하는 것이 중요했다. 코스마다 사용하는 접시의 수는 만찬 참석자의 수에 따라 달라졌는데 접시의 개수와 만찬 참석자의 숫자 사이에는 일정한 비율이 있어서, 가령 25인을 위한 4코스 식사에는 100개의 접시가 필요했고 한 접시가 식탁에 15분 이상 머물지 않도록 세심하게 신경 써야 했다. 접시는 일정한 간격으로 집안의 문장紋章이 식탁의 중앙을 향하게 배치해야 하며 칼날은 접시 쪽을 향하게 한다. 숟가락은 오목한 부분이 밑으로 가도록 오른쪽에 두며 빵은 접시에 올려 냅킨으로 덮어 놓는다.

요리를 먹으면 새 요리를 내놓고, 사용한 접시는 치운 뒤 새 접시를 놓아야 했다. 이 때문에 음식을 안전하게 식탁으로 나르면서도 대칭적이고 조화로운 식탁을 연출할 수 있는 크고 화려한 그릇이 다양하게

샤르댕, <은제 투린>, 1728~1730년 추정

세잔, <투린이 있는 정물>, 1884년

개발되었다. 이런 현상은 1670년대 프랑스에서 시작되었는데, 용도에 맞춘 수프용 포테*potée* 그릇과 뚜껑이 달린 타원형의 화려한 투린*tureen, soupière*, 항아리 모양의 테린느*terrine* 등 아름답고 세련된 디저트 그릇들이 새롭게 등장했다.

식탁 중앙에는 '중심 요리'[14]라 불리는 화려한 음식이 놓였는데, 17세기 말부터는 장식 그릇인 쉬르투 드 타블*surtout de table*이 그 자리를 차치했다. 쉬르투 드 타블은 꽃이나 과일로 장식되고 도금한 은이나 금으로 만든 화려한 그릇이었다. 그 안에는 대개 소금통, 기름통, 설탕통, 레몬, 강한 쓴맛의 오렌지를 넣어 놓았고 저녁 식사 때는 초를 넣어 조

---

14)   식사 초반부터 식탁 위에 차려놓고서 끝까지 그대로 두는 요리라는 의미로 '잠자는 사람'이라는 뜻의 도르망 드 타블(dormant de table)이라고도 불렀다.

1735년 킹스턴 공작을 위해 제작된 두 개의 테린느와 은 조각상으로 만든 쉬르투 드 타블

명으로도 사용했다. 17세기 중반부터는 피라미드 모양으로 음식을 쌓는 방식으로 평평한 식탁 바닥에서 치솟는 수직적인 구조물을 만들어 장식적 효과를 배가했는데, 이것은 주로 디저트를 이용해 연출했다. 그러다 보니 디저트를 만드는 관리실[15]이 중요해졌고, 상류층 집안에서는 재능있는 파티시에를 고용해 그 일을 담당하게 했다.

15)   프랑스에서 샐러드와 당과류, 디저트는 관리실(office)이라 불리는 별도의 공간에서 준비되었다.

1633년 루이 13세가 성령기사단을 위해 베푼 만찬의 모습.
식탁에는 그릇이 식탁을 삐져나올 정도로 음식이 빼곡히 차려져 있다.

콩피*confit* 혹은 콩피튀르*confiture*라는 이름의 설탕에 절인 과일이 처음 알려진 것은 16세기였으나, 당과라는 뜻의 콩피즈리*confiserie*에 관한 책들이 출간될 만큼 설탕 소비가 증가한 것은 17세기였다. 세기말에 이르면 달콤한 음식에 관한 요리책이 유행했고 18세기에는 디저트가 별도의 코스로 제공되기 시작했다.

라 샤펠*Vincent La Chapelle*의 『현대 요리사*Le cuisinier moderne*』 1742년 판에는 두

코스의 저녁 식사를 위한 식탁 배치와 메뉴를 이렇게 소개하고 있다.

그릇은 전부 은 제품으로 하되 16개의 은접시를 직사각형 식탁에 배열하고, 중앙의 타원형 큰 접시에는 송아지고기, 양옆에는 투린과 테린느, 식탁의 네 모퉁이에는 가금류를 담은 네 개의 앙트레, 그 사이로 두 개의 작은 접시와 큰 접시 넷을 대칭적으로 배열하는데, 여기에는 치커리를 곁들인 양갈비나 닭가슴살, 이탈리아 소스를 더한 뱀장어가 추천된다. 코스 진행 중에 투린 두 개를 치우고, 수프 다음에 나오는 를르베 두 개로 대체하는데, 하나는 가자미, 다른 하나는 연어를 권장한다. 두 번째 코스도 똑같은 방식이지만, 연어와 가자미 대신 새롭게 햄을 주재료로 한 요리와 케이크를 놓는다. 세 번째인 디저트 코스를 위해 식탁을 완전히 치우고 난 뒤[16] 치즈, 신선한 과일, 뭉근하게 졸인 과일, 소르베, 푸딩 등을 대접한다.

이처럼 규범에 맞게 상류층의 식탁을 올바르게 연출하고 요리를 접대하는 것은 간단한 일이 아니었다. 그래서 저택에는 이 일을 총괄하는 집사장 메트르 도텔*maître d'hôtel*이 있었다. 메트르 도텔은 식자재 구매와 메뉴 구상, 주문 사항과 전반적인 지출 명세 비교 등의 임무를 전담하며 진두지휘하는 인물로 주인의 전적인 신뢰를 얻는 사람이었고, 뛰어난 재능을 가진 메트르 도텔을 거느리고 있다는 사실만으로도 주위

---

16)   디저트라는 말이 프랑스어로 '식탁을 치우다'는 의미의 desservir에서 유래했다.

의 부러움을 살 정도였다. 그는 미각에도 뛰어나서 모든 종류의 앙트레, 포타주, 구이 요리, 앙트르메 등의 섬세한 차이를 느낄 수 있어야 했고, 최고급 식자재를 공수하고 시종일관 요리사들을 독려하여 훌륭한 연회를 연출할 수 있는 통솔력을 갖춰야 했다. 대연회를 여러 번 치렀던 메트르 도텔 바텔이 필요한 생선이 제때 도착하지 않는 바람에 몹시 초조해하다가 결국 스스로 생을 마감했다는 일화가 있을 정도로 메트르 도텔의 책임은 막중했다.

중세 시대에 그릇이 식탁 옆에 놓인 찬장에 진열되어 참석자들의 감탄을 불러일으키는 용도로 쓰였다면, 이제는 식탁 위에 배치되어 제 역할을 하기 시작했다. 접시가 본격적으로 사용되기 시작한 것은 루이 14세 시대부터였고, 속이 움푹하게 패인 개인용 접시는 17세기의 발명품이었다. 호화로운 만찬은 화려하고 멋진 은식기 세트로 한층 빛났기에 18세기 중반 이후에 귀족들은 경쟁적으로 식기 세트를 사들였고, 상류층을 선망하는 부르주아도 만찬용 식기 세트 한 벌 정도는 갖춰 놓으려고 했다. 부유층은 은식기와 도금 은식기를 선호했는데, 이는 사회적 지위와 경제적 수준을 과시할 수 있었을 뿐 아니라, 멀리 떨어져 있는 주방에서 가져오는 요리를 따뜻하게 보존해 주는 역할도 했기 때문이다. 그런데 루이 14세는 연달아 전쟁을 치르면서 그 비용을 충당하기 위해 금식기와 은식기를 녹이라는 칙령을 두 차례 내렸고 이에 식기는 자기로 대체된다. 당시 유럽에서는 중국 자기가 큰 인기를 끌고 있었으나 자기 식기의 수요가 급증하면서 차츰 유럽에도 자기 공장이 세워졌다. 프랑스의 세브르 자기는 프랑스 왕실 사용 제품이라는 명성을 얻으면서 선물용이나 주문품으로 제작되었고, 빈, 스톡홀름, 코펜하겐, 상트페테르부르크의 궁전까지 영향력을 확대했다.

절대왕정 시대의 식탁

이웃 국가들과 차별화하고 사회 계층별로 위계적인 식탁을 확고히 구축하려는 흐름은 절대왕정 시대에 더욱 뚜렷해졌다. 태양왕 루이 14세에 이르러서는 신격화된 왕의 일거수일투족이 그 상징성으로 주목받았다. 궁정 생활의 무대였던 베르사유에서 열린 축제나 연극, 음악회 등은 모두 위대한 왕의 권세를 기리는 찬가가 되었다. 루이 14세는 평생 유럽 전역에 빛을 비추는 찬란한 태양이 되길 열망했으며, 음식도 예외가 될 수 없었다.

'프랑스식' 식탁의 구현은 프랑스식 건축, 프랑스식 정원, 프랑스식 음악과 회화, 조각, 문학과 같이 교회의 영향력에서 벗어나고 다른 나라들과 구별되는 프랑스 고유의 문화를 창출하려는 목적으로 선택된 전략 중 하나였다. 프랑스에서 식탁은 하나의 예술이고 문화였으며, 미미美味, *bon goût*가 구현되는 장이었다. 당시 파리는 전 세계의 이국적 요리와 지역 특산물들의 집결지였는데, 식도락에 국가적 우위를 둔 루이 14세는 수석 주방장에게 위대한 프랑스의 위엄을 과시하는 독창적이고 세련된 요리를 창안하라고 지시했고, 이에 각양각색의 산해진미가 화려하고도 장엄하게 차려졌다.

어린 시절에 귀족들이 일으킨 프롱드의 난을 경험한 루이 14세는 에티켓이라는 이름으로 각종 의례를 치밀하게 설계했고, 이를 통해 신하들에게 왕의 권력이 절대적이며 변하지 않는다는 사실을 계속해서 각인시켰다. 눈을 떠서 잠들 때까지 왕의 일상은 모든 활동이 의전이었으므로, 식사 역시 왕의 절대적 위엄을 과시하고 신하들과의 거리를 공고하게 확인하는 수단이었다.

국왕의 공식 식사를 '그랑 쿠베르_grand couvert'라고 했는데, 초반에는 정찬과 만찬 때 매번 행해졌지만, 점차 저녁 10시경의 만찬에만 시행되고 정찬은 의식용 방에 차려진 식탁에서 따로 식사하면서, 이를 '프티 쿠베르_petit couvert'라고 했다. 특별한 경우를 제외하면 대개 왕은 방의 중앙에 놓인 식탁에서 벽난로를 등지고 안락의자에 앉아 혼자서 식사를 했다. 누군가 왕에게 너무 가까이 다가가거나 의자에 앉지 못하도록 장벽도 설치되었다. 베르사유 입궁이 허용된 귀족들과 관료들은 왕의 식사를 방해하지 않는 거리에서 그 모습을 지켜볼 수 있었다. 그 방식 역시 신분에 따라 철저히 차등화되었는데, 군주를 알현할 기회가 주어질지, 왕에게 어느 정도 가까이 갈 수 있는지, 의자에 앉을 수 있는

루이 14세의
그랑 쿠베르 모습.
왕실 가족만이
왕의 옆에 앉을 수 있었다.

지 아니면 서 있어야 하는지, 의자에 앉는다면 어떤 유형의 의자에 앉을 수 있는지까지 정해져 있었다. 그들은 세세하게 분류된 기준에 따라 자신의 위치를 체감하면서, 혹시 왕이 말을 걸거나 눈을 마주쳐 주지 않을까 학수고대하며 지켜봐야 했다.

왕실 음식들은 독극물 테스트를 거쳐야 했고 십여 명의 근위 기병이나 왕실 수비대가 용기 속에 담긴 요리의 행렬을 호위했다. 행렬이 지나갈 때마다 시종은 '왕의 요리'라고 외쳤고, 사람들은 발길을 멈추고 머리를 숙여 경의를 표해야 했다. 누구도 왕의 요리에 다가갈 수 없었

158

으며 왕의 포도주에 입김을 불거나 왕의 빵을 만질 수 없었다. 왕을 위한 요리는 왕비나 왕자의 요리사가 아닌 다른 요리사에 의해 준비되어야 했고, 식탁 에절이나 요리도 차등화되어서 요리사들은 음식을 멋들어지게 장식하고 훌륭한 맛과 색을 구현하기 위해 끝없이 연구해 창의적인 요리를 만들어 내야 했다.

베르사유에서는 메종 부쉬*Maison-Bouche*라는 기관이 책임을 맡아 3,000~5,000명에 이르는 많은 사람에게 날마다 서열에 따라 차별화된 식탁을 제공했다. 루이 14세 통치 전반기에는 줄곧 화려하고 세련된 향연이 이어졌고, 그 과정을 세밀하게 판화로 기록해 책을 만들었다. 그 책이 유럽 전체에 전파되면서 베르사유는 유럽 군주들의 이상향으로 군립했다.

식사는 항상 묽은 육수에 얇게 저민 빵 조각을 넣은 수프와 각종 채소와 고기를 끓여 만든 포타주로 시작되었고, 소라, 아귀, 칠성장어, 대구, 고등어, 철갑상어 등의 생선 스튜나 닭튀김 등이 앙트레로 제공되었으며, 고기구이와 샐러드, 앙트르메가 차례로 나왔고 다음에 초콜릿 타르트 같은 단 음식이 나왔다. 마지막 코스로는 과일이 나왔는데, 화려하게 장식된 이국적인 과일들과 오렌지, 배, 사과, 무화과, 포도 또는 피스타치오, 아몬드, 밤 등의 건과류가 제공되었다. 과일은 생과일보다는 설탕 조림이나 마멀레이드, 파이 형태가 선호되었고, 과일과 채소를 좋아한 루이 14세는 유리 온실을 조성해 과일과 채소를 재배하라고 지시했다. 덕분에 계절에 상관없이 채소와 과일을 즐길 수 있었는데, 그는 특히 오렌지를 좋아했다고 알려졌다. 아이스크림이나 소르베는 궁정에서도 소수에게만 주어졌던 특별한 진미였고, 빵은 주로 궁정 밖에 거주하는 궁정 제빵사들이 다양한 종류의 빵을 납품했다. 대식가로 소문난 루이 14세의 정찬에는 한 코스에 20여 가지의 요리가 줄지어 나왔다.

17세기 말부터 루이 14세는 엄격하고 권위적인 베르사유에서 벗어나 마를리 성에서 개인적인 모임을 하기 시작한다. 총애하는 소수만 초대해 격식에 구애받지 않고 사냥이나 연주회, 소풍과 같은 유흥을 즐기며 기분을 전환했는데, 그곳의 식사는 베르사유와 달리 타원형 식탁에 앉아 격의 없는 대화를 나누면서 진행되었다. 섭정 기간을 파리에서 보낸 후에 베르사유로 온 루이 15세는 증조부인 루이 14세와 달리 엄격한 에티켓을 지켜야 하는 까다로운 의전을 싫어해서 그랑 쿠베르는 일주일에 두 번만 시행했다.

18세기 초가 되면 웅장하고 엄격한 바로크식 격식은 구시대적이라 치부되고 훨씬 가볍고 세련된 로코코 형식이 등장하는데, 루이 15세의 만찬 기록을 보면 퐁파두르 부인은 왕에게 '은밀한 만찬'이라는 새로운 식사 방식을 제안했다고 한다. 이는 엄격한 공적인 삶에서 벗어나 은밀한 별실에서 열리는 만찬으로 하인들의 배석 없이 선택받은 소수 인원이 모여 시시콜콜한 담소를 나누고 연애와 식도락을 즐기면서 편

안한 시간을 보내는 것이었다.

루이 15세 시절의 어느 공작의 회고록에 따르면 사냥 후의 식사에 참석하길 원하는 신하들은 왕의 방 밖에서 대기해야 하고, 그러면 의전관이 나와 왕의 선택을 받은 명단을 발표하는데 왕의 선택 여부에 따라 자부심과 부러움 혹은 모멸감을 느끼는 시간이었다고 회상했다. 이 은밀한 모임에서 음식은 미식가였던 루이 15세와 왕비나 정부들의 지시에 따라 준비되었다. 손님들의 흥미를 자극하는 섬세하고 정교한 최상급 요리로 구성되었고, 다음에는 어떤 요리를 대접받게 될지 궁금해하는 초청객들을 위해 요리 목록을 적은 종이인 '메뉴*menu*'가 제공되었다. 때에 따라 달랐지만 대체로 식사는 먼저 스튜의 일종인 라구_ragoût_나 오유_oille_로 시작하고 다양한 앙트레, 구운 고기가 제공되었으며 마지막에는 간단한 앙트르메가 나온 후 입가심으로 디저트가 제공되었다.

루이 16세와 마리 앙투아네트는 일요일에만 그랑 쿠베르를 가졌을 뿐만 아니라, 둘이 오붓하게 식사하는 것을 선호했다고 한다. 특히 앙투아네트는 음식에 별로 관심도 없는 데다가 에티켓의 온갖 제약을 극도로 싫어해 공개 식사를 자주 거절했다. 그녀의 이러한 태도로 인해 '냉담하고 거만한 왕비'라는 이미지가 대외적으로 형성되었고, 점차 민심을 잃게 되었다.

식당의 등장과 늦어진 식사 시간

상류층의 저택에 식사를 위한 별도의 공간이 마련되기 시작한 것은 17세기 중반으로 프랑스어로 식당을 뜻하는 살라망제라는 단어는 1647년에 발간된 프랑스의 주택 설계도에서 처음 사용되었다고 한다. 당시의 주택은 공용 응접실로 사용하는 방과 가족 공간인 전실과 침실을 배치하던 것이 관례였는데, 응접실과 가족 공간 사이에 먹기 위한 공간인 식당과 담소를 나누는 공간인 살롱이 새롭게 들어서면서 식당은 특화된 공간으로 자리 잡기 시작했다. 처음에 식당은 손님들을 맞이하거나 가족들이 식사하던 방에 딸린 부속실 같은 곳이었으나 서서히 별도의 공간으로 분리된다. 1735년에 루이 15세는 베르사유의 소규모 별실에 따로 두 개의 식당을 설치했고, 1750년부터는 거처의 층마다 식당을 두었으며 시종의 수도 줄여서 공적인 식사에서 벗어나 지인 몇 명과 친밀하고 편안하게 식사하려고 했다. 18세기를 지나며 이제 식당은 점차 독립적인 공간으로 자리 잡았다.

그런데 식탁은 중세와 마찬가지로 식사 시간에만 임의로 설치하는 간이 식탁이었으므로 식사를 마치면 분해된 후에 보관되었다. 루이 16세 시대가 되어서야 식사 시간과 무관하게 식탁과 가구를 배치하게 되었는데, 이는 당시 공간에 맞게 가구를 배치해 세련되고 안락한 공간으로 꾸미는 것이 하나의 추세가 되었기 때문이었다. 1770년 이후에는 사교 생활에 식당이 대단히 중요해지면서 편안하고 우아한 식당 꾸미기가 상류층 사이에서 크게 유행했다.

식사 시간은 후대로 갈수록 점점 늦어졌다. 18세기 프랑스에서 데쥬네*déjeuner*는 말 그대로 '단식*jeûne*을 그만둔다'라는 뜻으로 아침 식사를 의미했는데, 18세기 말부터 아침 식사를 의미하는 용어로 프티 데쥬네*petit déjeuner*가 사용되면서 오늘날에는 점심을 가리키게 되었다. 18세기에 아침 식사가 등장하자 점심 식사를 지칭하던 디네르*dîner*는 자연스럽게 저녁 식사가 되었으며, 저녁 식사였던 수페르*souper*는 수프*soupe*와 같은 간단한 음식을 먹는 야식이 되었다. 18세기에 대다수 사람의 아침 식사는 한 조각의 빵과 백포도주 한 잔이었지만, 힘든 육체노동을 해야 하는 노동자와 농민은 빵과 수프에다가 전날 저녁에 남긴 음식이나 치즈, 햄과 소시지를 곁들여 먹었다.

1770년대 파리에서는 우유를 탄 커피인 카페오레*café au lait* 한 잔에 버터 바른 빵으로 아침을 대신하는 경우가 많아졌는데, 루이 15세는 아

침에 뜨거운 음료를 마셨던 유럽 최초의 군주로 알려져 있다. 커피와 설탕의 가격이 낮아지면서 18세기 중반부터는 따뜻한 초콜릿 음료를 찾는 사람도 늘어났고, 수프 대신에 커피나 초콜릿처럼 이국적인 음료를 마시는 것이 최신 유행이 되면서 대혁명 이후에는 노동자 계층까지 널리 퍼졌다. 사람들은 아침에 먹는 프티 데쥬네와 점점 더 늦게 먹게 된 디네르 사이인 오전 11~12시경 빵에 햄이나 소시지, 생선을 곁들여 점심 식사인 데쥬네를 먹었다. 18세기 중반부터 점심은 가족이나 친한 친구와 함께 격의 없이 먹는 간단한 식사로 바뀌었고, 육류 요리를 포함해 각종 요리를 여유롭게 맛보며 지인들과 담소를 나누는 시간은 저녁으로 미뤄지게 되었다.

화덕을 중심으로 한 주방의 변천사

당시의 주방은 건물 1층이나 지하에 주로 자리 잡고 있었다. 지하에 있으면 환풍이 원활하지 않아 습기가 차고 도난 사고도 빈번히 발생하는 단점이 있었지만, 물품 운반과 물 긷기가 쉬워서 요리 준비가 편했기 때문이다. 목제 건물이 많았던 당시에는 화재 위험 때문에 주방을 멀리 두는 것이 관례였고, 보통 마차가 드나드는 대문 옆 길가에 별도의 주방 건물이 마련되었다. 이처럼 주방과 식사 공간이 멀다 보니 음식을 들고 계단이나 회랑을 거치거나 안뜰을 가로질러 식탁을 차려야 하는 일이 비일비재했다. 충분한 물 공급을 위해 18세기 후반에는 주방에 관이나 펌프를 설치해 물을 얻는 방법이 고안되었다. 또한 편리한 조리를 위해 요리용 벽난로에 냄비 걸이를 장착하고 자동 꼬치 회전기를 사용했다. 벽난로 내부나 주위에 오븐을 설치해 빵이나 과자를 굽기도 했다. 대개 저택에는 제빵용 오븐과 제과용 오븐을 따로 갖추

166

고 있었다. 여기에 더해 내부를 숯으로 채운 뒤 구멍에 맞게 고정한 화로 위에 단지들을 올려놓고 동시에 여러 음식을 조리할 수 있게 만든 화덕인 포타제*potager*가 개발되있다. 화구의 크기와 숯의 열기에 따라 화력을 조절할 수 있어 약한 불과 센 불을 선택해 시용할 수 있었고, 덕분에 소스 조리나 생선구이 같은 요리를 더욱 정교하게 할 수 있었다.

　상류층은 직화구이를 선호했지만, 직화로 큰 덩어리 고기를 제대로 굽기란 쉬운 일이 아니었다. 고기를 불에 직접 구우면 겉은 익지만 속은 익지 않았고 속까지 익히려 들면 겉이 타버리고 질겨진다는 문제가 있었다. 그래서 제대로 된 직화구이를 하기 위해서는 꼬챙이에 꽂은 고기를 불에서 상당히 떨어진 거리에서 돌려가며 서서히 익혀야 했다. 그 와중에도 불과의 거리와 불의 세기를 살피면서 고기 익힘 정도를 판단해, 불에 더 가깝게 옮기거나 떨어뜨리는 작업을 정교하게 수행해야 했다. 오랜 시간 고기를 굽기 위해서는 충분한 연료도 필요했고, 직화구이용 꼬챙이를 꾸준히 돌릴 사람도 필요했다. 이 단순하고 지루한 작업은 보통 영어로는 턴스핏*turnspit* 이나 턴브로치*turnbroach*, 프랑스어로는 투르느브로슈*tournebroche* 라 불리는 소년들이 맡아서 했다. 16~17세기에 영국에서는 품종 개량으로 다리가 짧고 몸통이 길어진 개[17]나 때로는 거위를 화덕 근처 벽에 높이 매단 쳇바퀴에 가둬놓고 꼬챙이를 돌리게 했다. 이러한 동물 학대는 18세기경 자동 꼬챙이 회전 장치가 발명되면서 비로소 사라지게 되었다.

조리 시설이라고는 장작을 바닥에 쌓아놓고 불을 붙이는 방식에 불과했던 시대에 요리란 환기되지 않은 비좁은 공간에서 화상 위험을 감수하면서 해야 했던 열악한 작업이었다. 장작이 바닥으로 굴러떨어지지 않도록 쇠살대 몇 개로 얼기설기 막아두고 그 위에 가마솥을 올려놓았기에, 폭넓고 길게 끌리는 치마를 입었던 여성들과 아이들은 어김없이 위험에 노출되었다. 그래서 17세기까지도 귀족 집안에서 일하는 요리사는 주로 남자였으며, 주방은 숨 막히게 찌는 듯한 열기로 가득해서 거의 옷을 벗다시피 하고 일을 하곤 했다. 여자들은 화덕을 사용하지 않는 장보기, 설거지, 주방 청소, 유제품이나 식기를 다루는 일을 맡았다. 그나마 17세기에 등장한 포타제 덕분에 동시에 여러 음식을 신속히 조리할 수 있게 되긴 했지만, 18세기까지도 유럽은 개방 화로를 사용했다. 열의 대부분이 낭비되어 엄청난 양의 땔감이 필요했고 연기도 심해, 요리란 땔감 걱정 없는 귀족들이 하인들에게나 시키는 일이었다. 그러니 평민들이 매 끼니 요리해 먹기란 거의 불가능했고, 빈민은 끼니를 거르는 일이 다반사였다.

---

17)　영어로 턴스피트 도그(turnspit dog)라는 이름의 이 개는 턴스핏(turnspit)이나 도그휠(dogwheel)이라고 불리는 바퀴를 타고 고기를 회전시키는 일을 시키기 위해 개량된 품종으로, 주방견, 요리견, 휠링 도그, 언더도그, 베르네파토르라고도 불렀는데, 자동 꼬챙이 회전 장치가 발명되면서 더 이상 필요하지 않게 되었고, 그 결과 개체수가 줄어서 멸종되었다.

1800년에 발간된 책의 주방 삽화. 개가 천장 가까이에 매달린 바퀴를 돌리는 모습이 보인다.

1800년경에 럼퍼트 백작이라 불렸던 톰프슨은 땔감 부족에 기인하는 빈곤 문제를 근본적으로 해결하고자 에너지 낭비가 심한 개방형 화덕 대신 폐쇄형 화덕을 고안한다. 이 화덕은 벽돌로 만들고 문을 달아 단열성을 높였다. 불을 하나만 크게 지피는 대신 여러 구획으로 공간을 나누고 따로 불을 지펴서 매연과 연료 낭비를 최소화했다. 구획마다 별도의 연통을 설치해 연기는 굴뚝으로 빼냈다. 주방 기기의 바닥만 가열하고 연기를 뒤쪽으로 빠져나도록 해서 열 손실을 막았더니 연기와 유증기로 가득했던 주방이 쾌적하게 바뀌었고, 스토브의 열로 추

주방의 모습
디히틀,<주방용품이 있는 정물>, 17세기 후반~18세기 초 추정

가 요리가 가능한 오븐을 배치해 놓으니 에너지 효율도 좋아졌다.

이렇게 가열 기구가 바뀌면 조리 도구도 변하게 되는데, 큰 무쇠솥 대신 낮은 높이의 놋쇠와 백랍 냄비, 프라이팬이 등장했고, 개방형 화덕에 필수적으로 사용되던 장작 낙하 방지 쇠살대, 빵 굽는 석쇠, 금속 덮개, 고기구이용 꼬챙이 회전 기구, 긴 손잡이의 금속 국자와 포크 등은 사라졌다. 이렇게 부엌이 안전해지면서 여성들도 편안하게 요리를 할 수 있게 되었다. 그렇지만 요리사들이 처음부터 폐쇄형 화덕을 환영한 것은 아니었다. 그들은 고기를 제대로 굽는 방식은 직화구이밖에 없다는 주장을 굽히지 않았고 폐쇄형 화덕이 빵 굽는 오븐과 비슷하다는 이유로 거부하기도 했다. 18세기까지도 부엌은 직화구이용 개방형 화로, 빵 굽기용 폐쇄형 오븐, 그리고 벽돌로 기단을 높인 스튜와 소스용 화로로 철저히 분리되어 있었기 때문이다.

주방은 해야 할 일이 많고 연기와 냄새, 소음이 많아 베르사유 궁전에서도 주방은 별도의 건물에 만들었다. 루이 14세는 마을 교회가 있던 자리에 '그랑 코묑*Grand Commun*'을 짓게 했고, 식자재 구매와 준비, 요리와 관련 잡무, 왕의 식사와 간식 준비 등을 맡은 부서인 메종 부쉬의 종사자 대부분을 여기에 집결시켰다. 그랑 코묑 1층은 조리 공간, 지하는 저장 공간으로 활용했으며 왕의 식탁에 오를 빵은 지하 화덕 동굴에서 따로 구웠다고 한다. 멀어진 주방 덕택에 궁전 안은 조용해졌지만, 음식이 왕의 식탁에 오르기까지는 먼 여정을 거쳐야 했고, 18세기에는 간단한 저녁 식사가 유행하면서 베르사유 내부에 소규모 주방들이 만들어졌다. 루이 15세는 궁 내부에 제빵용 오븐과 포타제를 갖춘 작은 공간을 설치하고 직접 초콜릿과 오믈렛 같은 요리를 만들거나 증류 기술을 시험하면서 기분 전환을 했다. 1743년에는 루이 15세의 정부였던 샤토루 공작부인의 거처에도 오븐과 포타제 겸용 화로, 구이 요리용 연통까지 갖췄다고 한다. 이처럼 그랑 코묑의 역할이 줄고 개인 주방이 늘어나게 된 것은 공적 공간과 사적 공간이 분리되기 시작했음을 말해준다.

식사 도구가 만든 식탁 예절의 역사

우리가 서양식 식사 도구라 하면 떠올리는 칼, 포크, 숟가락을 통칭해서 프랑스어로 쿠베르*couverts*라 부르는데, 이 도구들을 식탁 위 회식자의 자리에 미리 차려놓기 시작한 것은 17세기 중반 이후부터였다. 또한 식사 도구가 일반화되면서 식사 예절도 복잡하고 상세하게 변화했다.

칼

중세에 유럽인 대부분은 50센티미터 정도의 길이에 날이 넓고 끝이 뾰족한 단검*scramasaxe*을 칼집에 담아 차고 다녔다고 하는데, 이 칼은 식사 전용 도구라기보다는 연장이나 무기를 겸하는 다목적용이었다. 귀족 계층은 식사용과 무기용으로 칼을 구분해서 두 개의 칼을 정교하게 세공한 가죽 칼집에 넣어 허리띠에 차고 다녔고, 평민은 칼 한 자루를 긴 양말 속에 끈으로 고정해 다녔다. 최상류층의 식사에는 접대용 칼도 있어서 군주가 식사할 때면 시종은 은으로 만든 폭이 넓은 칼에 고기를 얹어서 군주에게 내밀고 군주는 손으로 그 고기를 집어 먹고 식탁보에 손을 닦았다. 이 칼은 이탈리아어로 신뢰라는 의미인 클레덴자*credenza*라고 불렸는데, 당시에도 독이 있으면 은의 색깔이 변한다고 생각했고 클레덴자에 올려진 음식의 색이 변하지 않으면 안전함을 뜻하기 때문이었다.

14세기 말에는 칼 손잡이의 형태가 잡기 쉽도록 변하면서 나무는 물론 구리, 놋쇠, 주석 등의 다양한 금속과 동물의 뿔이나 뼈 등을 사용해 손잡이를 만들었다. 15~16세기에 상류층의 칼 손잡이는 장식적인 면을 중시하여 금, 은, 동과 같은 귀금속과 조각한 상아, 호박, 마노 등의 보석을 활용했고 칼집 역시 다양한 모양으로 도안했다. 당시 여행객과 초대받은 손님들은 식사 도구를 개인적으로 소지하는 것이 관례여서 칼집의 디자인이 부와 지위를 상징하는 역할을 했다.

칼을 중요시했던 중세의 식탁에서는 끝이 뾰족한 칼이 사용되었는데, 칼을 양손에 하나씩 들고 하나는 고기를 고정하고 다른 하나로 썰어 칼끝으로 찍어 먹는 방법이 세련된 식사법으로 인정받았다. 칼의 모양도 점차 변화했는데, 16세기에 가늘었던 칼은 17세기가 되면 칼날은 짧고 끝은 둥글어지며 폭도 넓어졌다. 그 이유는 넓어진 칼 표면에 음식을 얹어서 먹기 위해서였는데, 덕분에 예전에 칼끝으로 찍어 먹던 작고 둥근 음식은 칼날을 이용해 쉽게 먹을 수 있게 되었다. 이 방식은 18세기까지도 지속되어 평평한 칼을 숟가락처럼 사용해 콩과 같은 음식이나 물컹한 음식을 칼등에 올려서 입에 넣었다. 포크는 칼로 고기를 찌르면 고기가 고정되지 않고 금세 빙글빙글 돌게 되는 문제를 해결하려고 개발되었는데, 포크가 생겨나면서 칼의 기능과 형태에도 변화가 생겼다. 17세기 후반이 되면 차츰 포크가 보급되면서 칼은 음식을 자르는 용도로만 사용되었고 칼날이 둥근 형태로 바뀌면서 무기로 사용될 위험이 줄어들었다.

칼끝이 둥근 형태로 바뀐 데에는 포크의 보급이라는 사회적 상황 변화 외에 다른 이유도 있었다. 1637년, 루이 13세의 재상인 리슐리외 추기경은 만찬 자리에서 어느 손님이 양날 단검의 뾰족한 끝으로 이를 쑤시는 것을 보고 눈에 거슬린 나머지 칼끝이 뾰족한 식탁용 칼을 폐기하고 칼끝을 둥글게 만들라고 지시했다. 1669년에는 루이 14세가 빈번한 폭력 사태에 대응해 식탁과 거리에서 끝이 뾰족한 칼의 사용을 불법화하고, 뾰족한 칼의 제조를 금지하는 칙령을 내렸다.

이후 사람들의 사고방식이 바뀌면서 식탁 예절도 변화를 맞게 되었다. 공동 접시에서 고기를 손으로 집는 것이나 그릇에 입을 대고 수프를 마시는 것, 날카로운 칼 하나로 모든 음식을 자르고 먹는 일 등 과거에는 너그러이 용인되던 식사 습관이 이제는 예의에 벗어나는 상스럽고 미개한 행동으로 취급되기 시작한 것이다.

17세기부터는 개인적으로 식사용 칼을 지니고 다니는 대신 식탁에 미리 포크와 칼을 나란히 차려두는 방식이 등장했다. 이제 상류층은 주문 제작한 개인 칼을 지참하지 않고, 똑같은 칼을 여러 개 상자째 사서 식탁에 차려두었다. 18세기에는 식탁용 길날이 더욱 무뎌져서, 부드러운 음식을 가르고 버터를 바르거나 포크에 음식을 얹는 용도로 사용되기 시작했다. 덕분에 칼을 쥐는 방식도 변화해, 손아귀에 칼을 거머쥐는 방식에서 칼등에 검지를 얹고 손바닥으로 손잡이를 감싸 쥐는 방식으로 바뀌었다. 뭉툭해진 칼은 초창기의 두 갈퀴 포크를 대신해 음식을 얹어 입에 넣는 데에도 사용되었다. 손목을 비틀지 않고 음식을 쉽게 얹을 수 있도록 칼날은 점점 더 둥글어졌다. 19세기 초에 개선된 포크가 등장하자 식탁용 칼은 칼날이 거의 일직선으로 곧게 평행을 이루도록 만들어졌고, 음식을 집고 뜨고 나르는 일은 포크가 하고 칼은 음식을 썰고 펴고 바르는 역할로 분리되었다. 이처럼 식사용 칼이 둥글어지면서 스테이크와 같은 음식에는 톱니가 달린 칼을 따로 제공하게 되었다.

칼의 발달에는 모양의 변화뿐 아니라, 소재가 더욱 중요했다. 철은 청동보다 단단했기에 더 날카롭게 만들 수 있었으나 쉽게 녹이 슬어 음식 맛을 버리는 단점 때문에 부엌칼로는 적당하지 않았다. 이후 탄소강 제작 기법이 개발되면서 훨씬 다양한 칼이 만들어졌지만, 여전히 제약이 있었다. 우선 양상추와 같은 채소에 닿으면 잎을 변색시켜 프랑스에서는 샐러드용 채소를 미리 한입 크기로 손질해 제공하게 되었고, 샐러드의 채소는 칼로 자르지 않는 것이 올바른 식탁 예절이 되었다.

두 번째로는 산성 음식에 닿으면 부식되어 검게 변한다는 치명적인 단점이 있었다. 주로 레몬을 뿌려 먹는 생선 요리에 강철로 만든 칼을 사용하면 레몬의 산과 강철이 반응해 금속성 맛이 나서 칼 대신 두 개의 포크를 이용해서 먹어야 했다. 19세기에 등장한 은이나 은으로 도금한 생선용 칼은 칼날이 무디고 면적은 넓었으며 칼끝은 생선 뼈를 발라 먹을 수 있도록 톱니 모양으로 만들어졌다. 생선 요리에 안성맞춤인 도구였지만, 은으로 만들어 가격이 비쌌다. 그래서 보통 사람들은 오른손엔 포크를, 왼손에는 빵 조각을 들고 이를 이용해 생선을 먹었다. 이런 수고는 20세기 초에 등장한 스테인리스 스틸 덕분에 사라졌다. 부식되지 않고 강한 스테인리스 스틸은 제1차 세계대전 이후 값싸게 대량 생산되어 대다수 가정에서 세련되고 반짝거리는 식기를 마련할 수 있었고, 제2차 세계대전을 거치면서 보다 효율적이고 저렴한 비용의 다양한 식기가 생산되었다.

포크

아시아 지역에서는 젓가락이 기원전 4세기경 중국에서 이미 일반화되었고, 우리나라 역시 삼국시대부터 사용해 왔다. 반면 유럽에서 포크가 일반적으로 쓰이기 시작한 것은 불과 몇백 년 전부터이다. 식탁의 모습을 묘사한 중세의 그림을 보면 당시의 식사 방식을 유추할 수 있는데, 식기의 개수 자체가 적었고 몇 가지 음식을 식탁에 모두 올려 놓고 먹고 싶은 음식을 각자 먹는 방식이었다. 개별 식기를 갖추지 못해 공용으로 칼과 숟가락, 컵을 사용했다. 고기 같이 난난한 음식은 손으로 집어 먹었고, 죽이나 수프는 숟가락을 사용하기도 했으나 사발에 직접 입을 대고 마시는 것이 일반적이었다. 손으로 먹는 식사법은 고대 로마 시대부터 보편적으로 사용되는 방식이어서 식기 사용이 대중화되는 18세기 전까지도 계속되었고, 특히 포크 사용은 꺼렸기 때문에 금식기에 담긴 화려하고 멋진 요리로 유명한 루이 14세의 만찬에서도 손으로 먹는 방법이 당연하게 여겨졌다.

포크 사용이 보편화되지 않은 이유로는 중세 음식의 형태에서도 찾을 수 있다. 중세에는 고기 요리, 작은 파이나 만두 형태의 요리, 튀김 종류, 걸쭉한 죽이나 수프를 주로 먹었기 때문에 휴대하고 다녔던 칼과 끝부분이 뾰족한 숟가락 정도만으로도 충분했을 것이다. 칼과 숟가락, 그리고 손만으로도 식사가 가능했기에 포크와 같은 도구가 일찍부터 사용될 필요가 없었다고 주장할 수도 있다. 그렇다고 해서 상류층이 식기에 대한 욕구가 없었다고 말하기는 어렵다. 그들은 자신들의 부와 지위를 과시하기 위해 식기를 호화롭게 장식했다. 숟가락은 금, 수정, 산호, 사문암 등으로 만들었고, 사순절에는 흑단으로 만든 칼을 사용했다. 부활절에는 상아 손잡이의 칼을, 성령강림절에는 군데군데 상아를 박은 칼을 썼다는 자료도 있다.

그런데 손으로 먹는다고 해서 아무렇게나 먹어도 되는 것은 아니었다. 나름대로 예절이 존재했는데, 공동의 음식을 손으로 먹는 만큼 손의 청결이 필수였고, 두 손으로 마구 집어 음식을 먹는 것은 천한 행동이었다. 상류층은 약지와 새끼손가락을 제외한 세 개의 손가락의 첫 번째 마디만을 사용하여 기품 있게 음식을 집어 먹어야 한다고 가르쳤다. 손의 청결이 중요한 만큼 손을 씻거나 음식을 집는 것에도 순서가 있어서 지위가 높을수록 우선권을 가졌다. 또한 손가락을 닦고 씻기 위해 식탁 위에 냅킨과 물그릇을 두었는데, 현재에도 고급 레스토랑에서 볼 수 있는 핑거볼은 그 흔적이다.

이처럼 남에게 피해를 주지 않고 우아하고 기품 있게 먹는 기술은 궁중에서 반드시 갖춰야 할 능력이었고, 이것이 귀족과 하인, 상류층과 평민을 구분하는 기준이기도 했다. 이런 이유로 프랑스는 다른 나라보다 훨씬 늦게 포크를 받아들이게 되는데, 포크를 사용하면 귀족과 하인을 구분할 방법이 없었으므로 포크는 공동 접시에 있는 고기를 집어 개인 그릇에 옮겨 놓는 도구로 한정하고 세 손가락으로 고상하게 먹는 방법을 고수했다는 것이다.

그렇다면 포크는 어떤 계기로 사용하게 되었을까? 포크가 개발된 이유는 사용상의 불편을 해소하기 위해 고안된 방법이었으리라고 짐작된다. 두 개의 칼을 이용해 덩어리 고기를 썰려면 칼 하나로 고기를 고정해야 하는데, 끝이 날카롭고 뾰족한 칼로 고기를 단단히 잡아놓기란 쉽지 않은 일이라 결국 손을 사용해야만 했기 때문이다. 그래서 최초로 두 개의 갈퀴를 가진 포크가 만들어졌는데, 개별 식사 도구보다는 솥에서 삶은 고기를 꺼내는 용도나 부엌에서 덩어리 고기를 썰기 위해 고정하는 도구로 사용되었다. 7세기 초에 비잔틴 제국에서 개인용 식사 도구로 소형 포크가 처음 사용되었고, 11세기경에 이탈리아 중부 토스카나 지방으로 전해졌다고 알려졌다.

하지만 포크가 대중화되는 데에는 오랜 시간이 걸렸다. 그 원인에는 포크의 모양도 한몫하는데, 들판에서 사용하는 쇠스랑과 비슷할 뿐 아니라 악마의 삼지창과도 닮아서 완고한 성직자들은 신이 주신 귀중한 음식을 만질 수 있는 것은 신이 만드신 인간의 손뿐이며 이상한 도구를 매개체로 사용하는 것은 바람직하지 않다고 주장했기 때문이다. 이와 관련된 유명한 일화가 있다.

11세기, 비잔틴 제국의 공주는 베네치아 공국의 총독과 결혼한 뒤 두 갈퀴를 가진 황금 포크를 사용해 식사를 했다. 비잔틴 문명권에서 포크는 일상적인 도구였기에 공주의 행동은 지극히 자연스러운 것이었지만, 베네치아에서는 엄청난 충격으로 받아들여졌다. 성직자들은 그녀의 행동에 경악했고, 그녀에게 신의 분노를 내려달라고 기도하며 난리법석을 떨었다. 머지않아 그녀가 중병에 걸리자, 천벌이 내려진 것이라 여겼다고 한다. 이런 상황에서 포크는 극히 일부의 사람을 제외하고는 오랫동안 거부되다가 15세기 말에 이르러서야 조금씩 사용되기 시작했다. 당시에도 포크를 사용하는 남자는 여성적인 성향이 강하다며 비난받았고 19세기 말까지도 영국 해군에서는 규율과 남자다움을 침해한다는 이유로 포크 사용이 금지될 정도였다.

그런 까닭에 포크는 당절임한 과일이나 과자처럼 손가락을 더럽힐 수 있는 일부 음식을 먹을 때에만 한정적으로 사용되었다. 프랑스에는 1533년 카트린 드 메디시스와 앙리 2세의 결혼을 계기로 식사용 포크가 전해졌다. 그러나 이 새로운 도구를 궁정에 본격적으로 도입하려 했던 앙리 3세가 어설프게 포크를 사용하다 음식을 반쯤 떨어뜨려 비웃음을 샀다는 얘기가 전해질 만큼, 포크는 오랫동안 겉치레용 허세로 치부되었다. 그 결과, 프랑스에서 포크가 널리 사용되기까지는 상당한 시간이 걸렸다. 포크를 남자답지 못하다고 생각했던 영국도 마찬가지여서 17세기 초에 이탈리아를 방문한 영국인 여행객이 고기를 썰 때 조그마한 포크를 사용하는 광경을 보고 희한하다고 기록할 정도였다.[18] 그렇다 보니 프랑스에서 포크는 한동안 식사 도구라기보다는 금과 은, 각종 보석으로 꾸민 장식품으로서 선반 위에 놓여 있었다.

그런데 차츰 유럽 전역에 포크가 전파되면서 손으로 음식을 먹는 행

18) 프랑스나 영국에서 이상한 물건으로 인식되었던 포크가 일찍부터 이탈리아에서 일상화된 이유는 파스타 때문이라고 추정된다. 중세 이탈리아에서는 마카로니와 얇은 파스타인 베르미첼리를 많이 먹었는데, 사람들은 처음에 긴 나무 꼬챙이 모양의 송곳을 이용하다가 포크를 사용하면 파스타 먹기가 쉽다는 사실을 알게 되었고 다른 요리에도 포크를 사용하면서 널리 쓰이게 되었다고 한다.

동은 불결하고, 음식으로 손을 더럽히지 않고 손으로도 음식을 더럽히지 않는 것이 올바른 행동이라는 생각이 퍼지기 시작했다. 특히 둥근 주름 칼라 의상이 유행하면서 사람들은 이 값비싼 의상에 음식 얼룩을 묻히지 않으려고 포크를 사용하기 시작했다. 프랑스에서는 17세기 중반에 포크가 유행하고 세기말에는 포크가 귀족층의 도구로 자리 잡았다. 더불어 새로운 식탁 예절도 생겨나서 식사를 마치면 칼과 포크를 교차해 놓아 식사가 끝났음을 표시했다. 이것은 원래 17세기에 어느 이탈리아 귀족이 신의 은혜에 감사한다는 경건한 의미로 십자가를 표시한 것으로부터 유래했다.

프랑스 대혁명은 포크 사용에 대한 대중의 인식을 바꾸는 계기가 되었다. 몰락한 귀족 계층이 부르주아와 평민과 자신들을 차별화하기 위해 사치스러운 포크 사용을 정당화하고, 이를 올바른 식사 예절로 규정했기 때문이다. 그런데 이런 인식이 확산하면서 손으로 먹는 방식은 천한 행동이고, 포크는 신분이 높은 사람들이 사용하는 고상한 도구라는 생각이 자리 잡았다.

포크가 도입되자 조리법도 변화한다. 고깃덩어리를 한입 크기로 미리 작게 자르지 않아도 되었고, 숟가락으로 떠먹기 좋게 으깨거나 빻아 작은 공 모양으로 빚을 필요도 없었으며, 스튜나 죽과 같은 형태의 음식만을 고수할 이유도 없어졌다. 또한 손을 닦을 용도인 냅킨을 코스마다 바꿔서 제공할 필요성도 사라졌다. 숟가락의 역할이 줄어들면서 크기도 점차 작아졌고, 17세기 후반에 들어 포크와 숟가락의 손잡이 디자인도 오늘날처럼 평평한 형태로 바뀌었다. 이것은 칼과 포크를 사용해도 견딜 수 있는, 더 평평하고 얇은 모양의 도자기 접시를 쓰기 시작한 영향이 컸다. 이전에 사용되던 빵 접시 트랑슈아나 15세기경부터 사용된 가운데가 움푹 들어간 나무 접시에는 포크보다는 손잡이가 꺾이고 우묵한 숟가락이 적합했지만, 더 평평하고 얇은 도자기 그릇에는 수평 손잡이의 도구가 훨씬 편리했기 때문이다. 또한 포크의 출현으로 프랑스에서 평평한 도자기 접시는 17세기 말부터 기존의 오목한 형태의 그릇을 전반적으로 대체하기 시작했다. 19세기에 들어서면 수프나 특정 디저트를 제외하고는 모든 음식의 용기로 평평한 도자기 접시가 채택된다.

점차 포크가 대중적으로 인기를 얻자, 단점도 드러났고 이를 보강하기 위해 형태도 변화했다. 최초의 식탁용 포크는 조리용 두 갈퀴 포크를 본떠 앞뒤 구분 없이 평평한 모양이었다. 큰 고깃덩어리를 붙잡아 고정하는 용도에 알맞게 길고 곧은 두 개의 갈퀴 모양이었던 것이다. 이 포크로 음식을 떨어트리지 않고 먹기 위해서는 포크를 수평 상태로 유지해야 했고, 그러면 포크 갈퀴가 입천장을 찌를 위험이 있었다. 이런 불편을 해소하기 위해 포크 갈퀴의 길이가 줄고 가늘어졌으며 모양도 둥글게 바뀌게 되었다. 그러자 오목한 포크 위에 음식을 올려서 안전하고 빠르게 식사할 수 있었고 고깃덩어리를 직각으로 찍을 수 있는 장점이 있어서 18세기 중반에는 이처럼 둥글게 굽은 갈퀴가 포크의 표준이 된다.

그런데 이 두 갈퀴 포크는 작고 무른 음식이 갈퀴 사이로 빠져나가 찍어 먹기 어렵다는 한계를 드러냈다. 이를 보완하기 위해 갈퀴를 하나 더 달아 숟가락처럼 음식을 떠먹을 수 있도록 했고, 세 갈퀴에 하나를 더한 네 갈퀴 포크는 훨씬 실용적이라는 이유로 19세기 말에 영국에서 표준이 된다. 한때 다섯 갈퀴나 여섯 갈퀴의 포크도 등장했으나, 결과적으로 표면적이 넓으면서도 사람 입의 크기에 알맞은 네 개가 가장 적합하다고 판단되었다.

포크가 유용하게 쓰이면서 끝이 뾰족했던 식탁용 칼 모양도 바뀌었지만, 칼이 연장이나 방어용 무기로 사용될 위험이 있다는 생각은 여전했다. 그래서 식탁 예절을 가르치는 책에는 날카로운 칼날이 옆 사람 대신 자신을 향하도록 해야 하고 건넬 때도 손잡이가 상대편을 향하도록 해야 한다고 가르쳤다. 이탈리아에서는 포크 하나만으로 식사할 경우, 사용하지 않는 손도 식탁 가장자리에 올려 다른 사람들에게 보이도록 하는 관례가 있었다. 이는 숨겨진 무기가 없음을 보여 상대방을 안심시키던 과거의 관습에서 비롯된 것이다.

드디어 유럽인은 포크와 칼, 숟가락을 사용해 식사하는 방식에 익숙해졌고, 식탁 위에 숟가락, 포크, 칼을 놓는 방식은 나라별로 약간의 차이는 있지만 1760년경부터 대체로 현재와 같이 위쪽을 향하게 놓는 방식으로 정착된다. 19세기에는 칼과 포크를 다루는 방식에서 서로 다른 두 가지 스타일이 등장했다. 하나는 칼을 오른손에, 포크는 왼손에 쥐고 접시 위의 음식을 모두 썬 다음 칼을 내려놓고 포크를 오른손으로 옮겨 잡고 음식을 먹는 방식이다. 다른 하나는 식사 내내 칼과 포크를 각 손에 쥔 채, 음식을 조금씩 잘라가며 천천히 먹는 방식이다. 초창기 유럽인들은 처음의 방식으로 먹었으나, 나중에는 이를 미국식으로 간주하면서 영국식 예절이라 불리는 두 번째 방식을 선호했다.

도자기

13세기에 베네치아의 상인 마르코 폴로가 17년간의 중국 체류를 마치고 돌아오면서 가져온 중국 자기를 본 유럽인들은 사람의 손으로 만들 수 있는 최고의 보석이라는 찬사를 보냈다. 마르코 폴로는 이 자기들을 조개처럼 하얗게 고운 도자기라는 의미로 별보배 조개를 뜻하는 포르셀라나*porcellana*라고 불렀고, 이는 도자기를 뜻하는 영어의 porcelain과 프랑스어 porcelaine의 어원이 된다. 이렇게 유럽에 알려진 자기는 17세기 초, 왕후와 귀족들 사이에서 "도자기 병에 걸렸다"고 빈정거릴 정도로 동양 자기 수집 열풍이 불었다. 17세기 말부터 유럽과 중국의 교역이 더욱 활발해지면서 중국산 식기와 차 도구는 최고의 인기를 누렸다. 이런 추세에 맞춰 그릇은 물론 칼, 포크, 숟가락 등의 손잡이를 도자기나 거북이 등껍질 등으로 장식하는 것이 유행했고, 이에 1740년경에는 도자기 손잡이 수입량이 최고조에 달했다.

　중국과 일본 자기가 선풍적인 인기를 끌면서 자체적인 도자기 생산 필요성을 절감한 유럽인들은 희고 얇은 도자기 그릇을 만들기 위해 고심했다. 일찍이 16세기 말에 메디치 가문의 장인이 도기의 점토에 유리를 섞어 자기의 반투명한 성질을 재현하려고 했으나 성공하지는 못했고, 점토 이외의 물질을 섞어서 도자기를 만든다는 발상에 의의를 둘 뿐이었다. 17세기 초에 네덜란드의 델프트 도공들은 백색 주석 유약을 발라 만든 흰색 자기인 석유도기錫釉陶器를 만들었다. 나아가 중국의 청화 백자를 재현하고자 석유도기에 파란색 무늬를 그려 넣은 후에 다시 투명 유약을 칠한 델프트 도기를 생산해 내서 인기를 끌었다. 규석을 혼합한 백토로 만든 크림 웨어는 17세기 중반에 영국에서 개발된 후 대량 생산되면서 가격이 저렴하고 품질이 좋은 백색 식기를 널리 공급할 수 있게 되었다.

　유럽 각국이 백자 제조 개발에 박차를 가하면서 1708년 독일의 마이센에서 백색 점토인 카올린을 이용한 유럽 최초의 경질자기가 탄생했고, 1710년에는 마이센에 도자기 제작소가 설립되었다. 이때부터 각국은 마이센을 따라잡기 위해 고군분투했고, 7년 전쟁으로 마이센이 주춤하면서 프랑스의 궁정 문화를 반영해 화려하게 채색된 세브르 자기가 눈부시게 성장했다. 경질자기의 필수 재료인 카올린을 구할 수 없던 영국에서는 동물의 뼈를 태워 만든 재를 섞어 굽는 본차이나 제조법이 개발되었다. 이후 중국의 차 문화에 대한 동경과 산업혁명, 노예무역에 따른 설탕의 생산 증가 등이 맞물리며 홍차가 유행했고, 대량 생산된 본차이나는 서민 계층에까지 보급되었다.

각종 개인용 식사 도구가 구색에 맞춰 갖춰지기 시작하자, 18세기부터는 아스파라거스 집게, 설탕 집게, 수프용 숟가락, 생선을 덜어내는 도구, 소스용 국자, 호박 숟가락, 달걀용 숟가락, 치즈용 칼, 디저트용 포크 등 다양한 보조 도구들도 개발되었다. 그리고 고가의 식기는 찬장에 과시용으로 진열해 놓기도 했다. 이제 사람들은 개별적으로 식기를 휴대하는 대신에 집안의 안주인이 보관함에 넣어 둔 여벌의 손님용 식기를 사용했다. 1840년에 전기분해 원리를 이용한 은도금 기술이 발명되면서 식사 도구의 생산 단가는 크게 낮아졌다. 여기에 산업혁명으로 가격이 저렴해지고, 반투명 플라스틱인 셀룰로이드와 같은 신소재가 고가의 상아를 대체해 손잡이 제작에 쓰이면서 식사 도구는 대중화의 길로 들어섰다.

18세기만 해도 상류층의 전유물이었던 포크는 19세기 중반에 일반화되었고, 가정마다 식기와 식사 도구를 경쟁적으로 갖추고자 했다. 이렇게 되자 상류층은 생선용 칼과 포크, 디저트용 포크와 같이 특정 음식용 도구를 이것저것 개발해 타 계층과 차별화하려고 노력했다. 19세기에 화려한 디저트가 유행하면서 이에 어울리는 아이스크림 숟가락,

케이크 포크와 같이 금도금한 디저트용 도구가 등장했고, 그 외의 도구들도 사용상의 불편을 해소하기 위해 고안되었다. 과일용 칼은 끝을 뾰족하게 하고 날을 예리하게 만들었다. 과일용 포크 역시 가늘고 날카롭게 만들어 과일을 찍고 잘라 먹기가 훨씬 편해졌고, 과일즙이 튀어 식탁을 더럽히는 일도 줄어들었다.

이와 같이 특화된 도구들이 증가하면서 식탁 위의 배열법과 식사 예절도 바뀌었는데, 지역에 따라서 약간의 차이도 있었다. 1789년 프랑스 대혁명 전까지 생선 요리는 칼이나 냅킨으로 생선을 잡아 고정하라고 가르쳤으나, 생선용 칼과 포크가 등장하면서 식사 예절도 바뀌었고, 1870년대 독일에서는 생선 요리에 칼을 사용하지 말라고 가르쳤다. 디저트용 포크가 나오면서 포도와 딸기 같은 과일을 제외하고는 과일은 포크로 먹어야 했고, 치즈용 칼을 사용해 치즈를 자르는 것이 올바른 방법이 되었다.

풍요의 그늘에 놓인 농민의 식사

왕족과 귀족들이 섬세한 맛을 추구하며 정교하고 색다른 요리를 즐기는 동안 농민의 식생활은 여전히 불안정했다. 복합적인 요인에 기인한 식량 부족 문제는 농민을 만성적으로 옥죄고 있었고, 권력자들은 인간의 원죄에 대한 신의 징벌을 운운하며 배곯음을 정당화했다. 기근에 시달리던 사람들은 극도로 단조로운 식사밖에 할 수 없었고, 식품의 품질을 따질 여력이 없었다. 굶기보다는 저급한 음식이나 때로는 상해서 버릴 음식이라도 먹는 쪽을 택하다 보니 식중독으로 고생하기도 했다. 땔감을 아끼기 위해 빵을 덜 구운 채 먹을 때도 있었고, 보리를 섞은 호밀이나 귀리를 넣은 포타주, 때로는 보리로만 만든 포타주를 하루 세 번 먹는 것이 전부일 때도 있었다.

간을 맞추는 소금도 염세에 따라 양을 조절해서 먹어야 했고, 이따금 양배추, 순무, 양파, 당근, 셀러리 등으로 보충하거나 돼지기름을 약

르 냉, <농민의 식사>, 1642년

작자 미상, <검소한 식사>, 17세기 추정

간 추가해서 먹을 때도 있었다. 싸구려 포도주에 물을 섞어 마시거나 포도즙 찌꺼기를 우려낸 물로 만족해야 할 때도 많았다. 이보다 사정이 조금 낫다 해도 양배추나 완두콩을 넣고 끓인 염장 돼지고기 수프나 염장 고기 한 조각에 완두콩이나 양배추 한 접시, 버터를 넣은 양파 수프와 달걀, 치즈 정도면 호화로운 식사였다. 농민들은 고기를 충분히 먹을 수 없었다. 소, 돼지, 양의 살코기 위주의 신선한 고급 정육은 상류층의 몫이었고, 농민은 하급 부위나 내장을 소비해야 했다. 포충병[19] 감염 돼지 같이 병에 걸려 폐기해야 할 고기도 합법적으로 유통되어 감옥이나 구호 시설에 보내졌다.

189

오스타데, <집 안에 있는 농부들>, 1661년

스테인, <농부 가족의 식사 시간>, 1665년경

베르사유가 세련된 요리의 풍미를 자랑하며 유럽 왕실의 선망을 받던 시대에도 서민들의 삶은 팍팍했다. 전쟁 비용과 베르사유궁의 건축 비용 조달을 위해 부과된 무거운 세금 탓에 그들은 생활필수품조차 마련할 수 없었다. 궁핍한 도시민들은 갈색 빵이나 포타주로 끼니를 연명했다. 상류층을 위한 밀 생산 위주의 농업 정책과 곡물 경작지 대신 수익성 높은 포도 재배지로의 전환이 잇따르면서 호밀과 귀리가 부족해지자 기아로 고통받는 사람은 더욱 늘었다. 농민들은 영주의 배타적

19)   사람이 포충병(Hydatid disease, 胞蟲病)에 감염된 돼지고기를 먹으면 병균이 주로 간에 기생하여 5년에서 10여 년 동안 잠복하다가 간기능 장애 등을 일으키는데, 증상 자각 후 조속한 치료를 받지 못하면 사망할 위험이 있다.

190

영역인 숲에서 들짐승이나 물고기를 잡을 수도 없었고, 가축을 기르긴 했으나 이는 달걀, 우유나 양모를 얻기 위한 용도였지 고기를 먹기 위한 것이 아니었다. 더구나 가금류나 달걀, 버터, 포도주, 좋은 품질의 과일은 장에 내다 팔아서 세금을 내야 했으므로, 남아 있는 질 나쁜 과일이나 벌집을 디저트로 먹었다. 18세기에 들어서면서 농촌에서는 감자를 먹기 시작했고, 이는 흉년이나 춘궁기에 특히 요긴한 식량이었다.

Chapter 5

프랑스 미식의 전환점이 된 대혁명

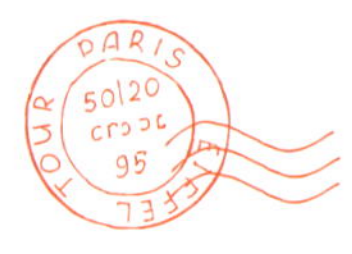

빵의 평등권을 외치다

1715년 이후에 전반적으로 인구가 증가하면서 식량은 부족해졌고, 포도주 생산 지역 농민들이 더 나은 수익성을 추구하며 곡물 경작지를 포도 재배지로 전환하는 비중을 높이자 곡물 생산량은 더욱 줄어들었다. 이제 식량 문제와 기아는 만성적인 사회 문제가 되었다. 더군다나 1773년부터 잦은 흉작으로 농작물 가격이 오르던 와중에, 설상가상으로 프랑스 혁명 직전인 1787년과 1788년에는 잇단 흉작으로 곡물 가격이 천정부지로 뛰었다. 1789년 초에는 이상 한파로 강물이 얼어붙어서 식량 수송이 중단되고 물레방아 작동도 멈춰서 밀을 빻지도 못할 지경에 이르자 식량 사정은 극도로 악화되었다. 혁명 전 10여 년 동안 평균 물가 상승률이 65퍼센트에 달했고 밀과 호밀 가격은 70퍼센트 정도 상승했는데, 특히 대혁명이 일어난 1789년 여름에는 2배 이상 폭등했다. 상황이 이렇게 되자 도시 노동자의 삶은 비참하기에 그지없었고, 실질 임금이 절반 이하로 떨어져서 생활비의 대부분이 빵값으로 지출되는 형편이었다. 곡물 가격이 폭등했는데도 농부들 역시 이득이 없었는데, 소작료가 거의 2배 오른 데다가 온갖 명목의 세를 부담해야 했으므로 지주만이 이득을 볼 뿐이었다. 그만큼 빵은 언제든 민중 폭동의 도화선이 될 수 있었고, 그래서 프랑스 왕정은 빵을 일찍부터 중요한 통제 대상으로 삼아왔다.

영주가 관리하는 방앗간을 이용해 제분하고, 일주일에 한 번 정도 마을의 공동 화덕을 사용해 빵을 구워야 했기에 사람들은 제빵사에게서 빵을 사는 쪽을 택했다. 기록에 따르면 중세 말부터 도시민들은 빵을 사서 먹기 시작했고, 1770년대에는 빵을 사서 먹는 방식이 일반적이었다. 이런 상황에서 절대왕정은 빵의 안정적인 물량 확보와 적절한 가격을 유지하는 곡물 정책을 시행해 왔다. 그런데 흉작으로 밀의 수확량이 현저히 감소했는데도 불구하고, 1774년에 신임 재무총감 튀르고는 곡물의 자유로운 유통을 허용하는 칙령을 내렸다. 그 여파로 곡물 가격이 폭등하자 서민들은 주식인 빵을 살 수가 없게 되었다. 튀르고의 정적들은 이 칙령 때문에 밀을 은닉하고 사재기하는 악덕 상인들이 생겨나 빵값이 치솟는다고 공격했지만, 튀르고는 점차 가격이 안정될 것이라고 반박했다. 하지만 1775년 4월에 파리 북쪽 지역에서 최초로 폭동이 일어났고, 뒤이어 3주간 파리를 중심으로 이른바 '밀가루 전쟁'이라 일컫는 폭동이 퍼지면서 수백 명이 체포되었다. 튀르고는 새로운 경제 자유를 창출한다면 모든 계급이 혜택을 얻을 수 있다고 믿었던 계몽주의자였지만, 그가 내놓은 칙령은 실패했다.

그렇다면 왜 민중은 그토록 분노했을까? 자신들이 왕을 위해 충성하는 만큼 왕은 백성들의 식량 보급과 안전을 책임지고 보장해 주어야 한다고 생각했기 때문이다. 빵이나 곡물 같은 필수 식품의 공급과 공정 분배를 위해서는 시장을 통제하는 전통적인 규제 조치를 시행해 최소한의 식량을 확보해 주어야 한다고 믿었다. 그러므로 민중들의 폭동은 절대왕정에 대항하는 투쟁이 아니라 사재기하는 곡물 투기상, 악덕 징세 청부업자, 불순물을 섞거나 중량을 속이는 제빵사와 같은 파렴치한 한통속을 향한 분노였다. 공급 조절을 제대로 못 하는 무능한 정부 대신 직접 행동에 나서겠다는 의지를 보여준 것이다. 결국 폭동은 군대 개입으로 진압되었고, 정부가 예전처럼 곡물 가격 통제와 식량 보급 정책으로 복귀하면서 상황은 진정되었다. 그 결과 대혁명 이후에 조합이 폐지되고 경제 자유화가 이루어졌음에도 19세기 말까지 빵, 고기, 포도주와 같이 프랑스 국민의 생존과 직결된 식품은 정부의 감시와 통제 대상으로 남게 되었다.

1789년 7월, 프랑스 혁명이 발발했고 민중은 더 나은 삶을 꿈꾸었지만, 현실은 그렇지 못했다. 인권선언을 발표한 제헌 국민의회는 사흘 후 곡물 거래를 자유화하면서 곡물 유통을 방해해서는 안 된다고 선언했다. 식량을 사고팔 권리나 곡물 거래를 금지하는 일은 계몽사상의

1789년 10월 5일에 분노한 여인들이 베르사유로 향하는 모습을 묘사한 판화

원칙을 위반하는 것이었기 때문이다. 그러자 민중은 배고픔에 대항할 법은 없다고 외치며 생존권을 요구했고 시장에서의 규제를 복원해야 한다고 주장했다. 1789년 7월의 바스티유 습격이 일어난 지 석 달이 지난 10월 5일에 빵을 구할 수 없어서 아이들이 굶주리게 되자 분노한 여성들은 돌과 몽둥이를 들고 베르사유를 향해 걸었다. 그들은 "저기에 제빵사와 그의 아내, 자식이 있다"고 외치면서 민중의 아버지이자 빵을 주는 '제빵사'인 루이 16세, 제빵사의 아내 앙투아네트와 아들을 찾아 나섰다.

이 사건으로 말미암아 왕이 베르사유에서 파리로 강제 이주하고 혁명 세력의 포로가 되면서 잠시 물가가 안정되는 듯했으나, 공채가 폭락해 인플레이션이 유발되자 곡물 가격은 다시 상승했다. 1792년 봄에는 빵을 구하려는 행렬이 끝이 없었다. 곳곳에서 밀가루 전쟁이 다시 일어났고, 빵값 상승의 유발 원인이라고 여겨지는 자들은 어김없이 공격받았다. 그해 가을에 입법의회는 규제 조치를 일부 복원했지만, 지주와 부르주아 중심의 지롱드파는 민중을 멸시하며 권력을 독점하고자 했다. 이에 파리 시민들은 국민공회에 진입해 지롱드파 의원들을 숙청하라고 요구했고, 결국 지롱드파는 몰락했다. 마침내 국민공회는 최고가격법을 수용했고, 혁명군은 농촌을 순찰하며 감춰둔 곡물을 찾아다녔다.

이제 빵은 생존권을 위한 최소한의 양식에서 평등권을 주장하기 위한 집회와 시위의 명분이 되었다. 외국군의 위협으로 조국이 위태로운 이런 상황에 신분 차별을 구실로 흰 빵과 검은 빵으로 차등화하는 것은 어불성설이 아닌가? 이런 분위기에서 1793년 11월 15일에 국민의회는 공식적으로 음식 차별을 금지하는 '빵에 대한 평등권'을 선언한다. 모든 프랑스인은 같은 빵을 먹을 권리가 있으므로, 부자만을 위한 밀가루로 빵을 만들어서는 안 되고 부자와 빈민을 차별해서도 안 된다는 내용이었다. 그래서 모든 빵집은 호밀 2/5, 밀 3/5의 비율로 배합된 빵 한 종류만 만들어야 했는데, 이 '평등 빵'은 규격과 무게, 가격이 일괄적으로 정해졌다. 파리의 각 구는 시민 명단을 작성해서 식량 위원회에 보고했고, 위원회는 필요한 제빵사를 배치하고 제빵사에게 가구수에 비례하는 양의 밀가루를 배달했다. 누구나 동등하게 똑같은 양의 빵을 받을 권리가 있었고 제빵사에게 빵의 무게 측정을 공개적으로 요구할 수 있었다.

배급 제도 덕택에 적어도 부자와 빈자의 차별은 없어졌다는 믿음이 생기면서 불평이 사그라들었고 질서도 회복되었다. 물론 빵을 이중으로 타거나 새치기를 하는 사람도 있었고, 빵집 앞에서 한참 줄을 서야 했지만 어쨌든 빵은 보장되었다. 평등 빵이 평등하지 못하면 불만이 싹트기 마련이므로 최상급 밀가루를 빼돌린 제빵사, 갖은 곡물과 밀기울을 집어넣고 평등 빵을 만든 제빵사, 사재기한 상인, 모략을 일삼은 제분업자 등은 반혁명 세력으로 체포되어 단두대의 이슬로 사라졌다.

생활필수품의 폭리를 막기 위해 도입된 최고가격법과 각종 규제는 테르미도르 반동 이후 철폐되었다. 그 결과 물가는 다시 급등했고 식량도 부족해졌다. 1795년 봄에 민중은 평등 빵의 부활을 요구하며 거리로 나서서 국민공회를 점령했으나 즉시 진압되었다. 문제는 해결되지 않은 채 서민들의 생활은 나날이 악화되었고, 민중은 다시 한번 봉기했지만 역시 방위대에 의해 진압되었다.

프랑스인에게 빵이란 무엇인가

프랑스인의 주식인 빵은 그들에게 기쁨이자 고통의 상징이다. 신석기 시대의 농업 혁명 이래 곡물이 인간의 주식이 된 데에는, 똑같은 면적의 땅에서 목축이나 사냥보다 곡물 경작이 10배 이상 많은 사람을 먹여 살릴 수 있다는 현실적인 이유 때문이었다. 그래서 곡물 생산을 위한 경작지가 늘어날수록 사냥과 채집, 방목을 위한 땅이 줄어들었고, 육류 소비가 감소되고 곡물 위주의 식사가 되면서 식단이 단조로워졌다. 따라서 인구가 증가할수록 경작지 확보가 관건이었고, 곡물 경작에 대한 의존도가 높아질수록 흉작의 폐해도 클 수밖에 없었다.

이후 인류의 식량이 된 빵은 상징적인 먹거리가 되었다. 프랑스어로 친구를 뜻하는 copain과 동료를 뜻하는 compagnon는 '함께 빵_pain_을 먹는 사람'에서 유래했고, '빵을 얻다_gagner le pain_'는 '생계를 유지하다'를, '빵 맛을 빼앗다_faire passer le goût de pain_'는 '죽이다'를 뜻하는 것을 보면 프랑스인에게 빵은 삶의 중심이었다는 사실이 여실히 드러난다. 프랑스의 자연환경이 곡물 생산에 적합했기에 다양한 곡물로 만든 빵 위주의 식사가 점차 자리 잡게 되었다. 더욱이 교회가 사회 전반에 영향력을 행사하던 중세에는 갖가지 명목으로 육류 소비가 제한되면서 이웃 국가에서는 프랑스인들을 '빵을 먹는 사람들'이라는 뜻의 파니보르panivore라고 부를 만큼, 빵은 프랑스 식단의 중심이 되었다.

일찍부터 프랑스에서는 부드러운 질감의 연질밀 가루로 빵을 만들었다. 주로 곡물을 끓여 죽으로 먹던 방식에서 빵으로 구워 먹는 방식으로 발전한 것은 식생활 역사에서 괄목할 만한 성과지만, 부드러운 빵을 만들 수 있는 연질밀은 수확량이 많지 않아서 상류층이 독식하게 된다. 중북부 유럽에서는 주로 호밀, 스펠트 밀, 메밀, 귀리, 보리로 빵을 만들었고, 지중해 지역에서는 호밀과 보리를 섞은 밀로 빵을 만들곤 했다. 프랑스는 유난히 밀가루로 만든 흰 빵을 선호해서 중세 프랑스 농부들은 연질밀을 '귀족의 곡식'이라 불렀고, 당연히 희고 부드러운 밀가루와 검고 거친 곡물가루는 사회적 신분을 구분하는 기준이 되었다. 흰 빵을 선호하는 사회 분위기에 맞춰 프랑스에서 잡곡은 밀려나고 밀의 재배 면적이 넓어졌다.

빵은 재료나 반죽의 배합, 모양이나 굽는 방식에 따라 아주 다양한 종류가 있었다. 체로 여러 번 친 정제된 밀가루와 버터를 반죽해 구운 흰 빵이나 정제 밀가루에 효모를 섞은 반죽을 가볍게 구운 빵이 최상급 빵이었고, 남은 반죽이나 저급한 곡물가루 혹은 체로 거르지 않아 곡식 껍질이 섞여 있는 가루로 만든 빵은 가난한 사람들의 몫이었으나 그마저 부족하면 채소나 밤으로 연명해야 했다. 게다가 프랑스 일부 지방에서는 오직 연질밀 가루만 사용해서 빵을 구우라는 법령을 만들었다. 이 밀가루는 도시 지역민이나 살 수 있었던 터라 시골에서는 호밀, 수수, 기장으로 납작한 빵을 만들거나 죽을 끓여 먹는 도리밖에 없었다. 그래서 12~13세기에 흰 빵과 검은 빵이라는 이분법은 곧 도시 사람과 시골 사람을 구분하는 척도로도 작동했고, 시골을 연상시키는 잡곡을 먹는 것은 도시민에게 수치스러운 일이 되었다.

중세에는 빵에 관한 법령도 많아서 신분에 따라 만들 수 있는 빵의 유형, 사용할 수 있는 밀, 빵의 무게와 가격, 제빵사가 되기 위한 요건 등을 통제했고, 영주는 집안의 식솔들에게 신분에 맞게 빵을 배분했다. 가장 좋은 빵은 주인이, 일꾼과 하인에게는 갈색 빵을 주는 것이 원칙이었다. 17세기가 될 때까지도 주인이 갈색 빵을 먹거나 하인이 흰 빵을 먹는 것은 합당하지 않다는 빵의 위계가 확고했다. 19세기 중반까지도 소수의 특권층을 제외하고는 곡물이 유럽인의 음식에 절대적인 위치를 차지했다.

18세기 초까지도 농촌 인구의 절반 이상이 갈색 빵을 먹었던 반면, 파리에서는 보통의 효모 대신 맥주 발효용 효모를 넣어 더욱 부드러운 '팽 몰레*pain mollet*'가 인기였다. 최상급 밀가루에 맥주 발효용 효모, 거기에다 우유까지 넣은 반죽으로 구우면 앙리 4세의 왕비인 마리 드 메디시스가 좋아했던 '왕비의 빵'이 되었다. 물론 팽 몰레와 왕비의 빵은 작황이 좋은 시절에만 먹을 수 있는 사치품이었다. 흉년이 들어 곡물 가격이 상승하면 고등법원에서 밀가루와 곡물을 섞은 '회백색 빵'만을 만들라는 명령을 내렸다. 그렇지만 18세기 파리의 상류층은 늘 팽 몰레를 원했고, 파리의 노동자들까지도 희고 고운 빵을 바라면서 흰 빵은 도시민의 이상적인 음식이 되었다. 19세기 중반에 와서는 밀 생산량에 여분이 생기고, 철제 실린더를 사용하는 새로운 물레방아가 도입되어 더 희고 고운 밀가루가 만들어지면서 흰 빵을 먹을 수 있는 소비층이 확대되었다. 이 새로운 방식은 낟알에서 씨눈을 떨어뜨려 기존 밀가루보다 영양학적으로는 떨어졌지만, 수 세기 동안 상류층과 우월함의 상징이었던 흰색 빵에 대한 욕망으로 사람들은 앞다투어 흰 빵을 소비했다.

식량 부족의 해결책이 된 감자

결국 만성적인 식량 부족 사태는 누구나 먹을 수 있도록 가격이 적당하고 영양도 풍부한 빵을 만들어 내야만 해결될 수 있었다. 제빵과 제분 방식의 개선 방법을 연구한 과학자들 덕분에 1760년대 제분업자들은 밀에서 밀기울을 분리해 더 정제된 밀가루를 생산할 수 있었고 같은 양의 밀로 고품질의 밀가루를 더 많이 생산하는 기술도 보급되었다. 그렇지만 빵을 만드는 데 필요한 밀의 양은 늘 부족해서 대체제가 필요했고 그 대안으로 떠오른 것이 바로 감자였다.

하지만 당시 프랑스 사회에서는 감자에 대한 거부감이 거셌는데, 16세기에 유럽으로 전해진 감자는 관상용 작물이나 가축 사료 혹은 가난한 사람들이나 먹는 식량으로 치부되었기 때문이었다. 유럽인들은 감자가 미개한 원주민이 먹는 음식이라며 금기시했고, 천연두를 연상시키는 울퉁불퉁한 감자 모양은 편견을 더욱 부채질했다. 그런 까닭에

17세기 초에 프랑스에도 감자가 소개되었으나, 1630년에 프랑스 동부의 브장송 의회는 감자를 먹으면 나병에 걸린다며 감자 재배를 금지할 정도였다.

반면 프로이센은 18세기 중반에 프리드리히 2세가 감자 재배를 장려할 정도로 분위기가 달랐다. 1757년에 약사로 입대한 파르망티에*Antoine-Augustin Parmentier*는 7년 전쟁 중 프로이센에 포로로 잡혀서 카르토펠*kartoffel*이라는 작물을 배급받아 먹게 되었다. 이것이 감자라는 사실을 알게 된 그는 자신의 선입견과 달리 감자가 영양가 있고 건강에 유익한 훌륭한 식품이라는 것을 체험했고, 석방된 후에는 연구를 거듭해 감자 홍보와 보급에 앞장섰다. 그러나 감자에 대한 부정적 인식이 굳건히 자리 잡고 있던 프랑스에서 감자 보급은 쉽지 않았고, 병원 텃밭에서 감자를 재배하는 것마저 반대에 부딪혔다. 1769년과 1770년의 기근 발생 뒤 그는 브장송 학사원이 주최한 흉년 대비 보충 작물 공모전에 감자를 주제로 한 논문으로 수상했다. 이후 감자를 식용작물로 인정받기 위해 오랫동안 노력했고, 정부와 의회를 설득해 재배금지법 폐지를 끌어냈다.

그렇지만 사람들은 감자가 아니라 빵을 원했고, 이에 파르망티에는 1779년에 밀가루 없이 감자로 빵을 만드는 방법을 고안했지만, 감자만으로는 제대로 된 빵을 만들기가 힘들다는 사실을 알게 된 후에는 빵 반죽의 양을 늘리는 보조적인 용도로 감자를 사용하라고 추천했다.

그는 감자를 대중에게 알리기 위해 기발한 계획을 실행했는데, 무장 경비들에게 감자밭을 지키도록 해 사람들의 호기심을 자극하고, 야간에 일부러 경비를 허술하게 해서 감자 서리를 유도했다. 또한 왕궁에서 감자를 관상용으로 재배하도록 주선하고, 루이 16세와 마리 앙투아네트에게 감자꽃을 장식으로 사용하도록 권유했다. 루이 16세는 단춧구멍에 감자꽃을 꽂았고 앙투아네트는 무도회에 감자꽃을 단 모자를 쓰고 나타나거나 감자꽃 모자를 나눠주면서 적극적으로 홍보했다. 귀족들 사이에서 감자꽃 장식이 유행하면서 감자의 이미지가 점차 개선되었고, 파르망티에는 저명인사들을 초대한 연회에서 20여 가지의 감자요리를 선보였다. 기근이 발생했을 때 감자 포타주를 만들어 굶주린 사람들에게 나눠주는 등의 꾸준한 노력에 힘입어 프랑스 사회는 점차 감자를 식품으로 받아들이게 되었고, 프랑스 대혁명 이후에 감자는 프랑스 전역에 보급되었다.

가축 사료였던 감자가 음식으로 인정받게 되면서 1794년에는 메리고 부인이라는 여성이 감자를 주재료로 삼은 31가지 요리를 소개하는 요리책 『공화국 요리사 *La cuisinère républicaine*』를 출간할 정도가 되었다. 1795년부터는 프랑스에서 감자의 대량 수확이 가능하게 되어 이후의 식량 부족 문제를 해결할 수 있게 되었다.

초창기 감자는 극빈층의 허기를 달래주는 수단이었으나 시간이 지나면서 귀족들의 식탁에서도 환영받는 음식이 되었고, 프랑스 대혁명 시기를 거치면서 요리책의 단골 소재로 주목받으며 다양한 요리법이 등장했다. 예를 들면, 앙투안 보빌리에_Antoine Beauvilliers_의 『요리사의 기술_L'art du cuisinier_』에는 감자를 잘라 뜨거운 기름에 넣고 팬에서 튀긴 후 기름을 빼고 소금을 뿌려 먹는 요리법이 소개되어 있는데, 이것이 19세기 말부터 미국에서 '프렌치프라이'[20]로 불리는 그 상징적인 감자튀김의 전신이다. 18세기 말부터 미식 재료로 거듭난 감자는 프랑스에서 가장 대중적인 채소로 사랑받게 되었을 뿐 아니라 고급 레스토랑과 가정에서 흔히 먹는 음식이 되었다.

20) 프랑스어로는 튀김이라는 뜻의 '프리트(frites)'라 부르는 프렌치프라이의 유래에 대해서는 프랑스와 벨기에 간에 견해 차이가 있다. 벨기에의 어느 지방에 작고 길쭉한 민물 생선을 튀겨먹는 관습이 있었는데, 18세기 말 겨울에 생선을 잡을 수 없게 되자 감자를 그런 모양으로 썰어서 튀겨 먹게 되었고 이것이 원조라고 벨기에 사람들은 주장한다. 프렌치프라이로 불리게 된 연유에 대해서는 여러 가설이 있지만, 제1차 세계대전 때 벨기에에 주둔하던 영미 연합군이 프랑스어를 사용하는 벨기에 사람들이 감자튀김을 즐겨 먹는 것을 보고 프랑스인이라고 착각하여 붙인 이름이라는 것이 잘 알려진 이야기이고, '막대기 모양으로 썰다'라는 뜻을 가진 'french'라는 미국 속어에서 유래되었다는 주장도 있다.

매력적인 공간, 레스토랑의 탄생

왕과 귀족 중심으로 구축되었던 구체제 사회에서는 음식 문화도 역시 그들을 중심으로 구성되었다. 그러나 식량난으로 폭발한 대혁명은 이와 같은 체제를 몰락시키면서 서서히 평등사상을 심어주었고, 사람들은 삶의 질을 높여주는 기본적인 의식주에 관심을 두게 되었다. 부르주아와 서민 계층이 부상하고 특정 집단의 이익만을 추구하던 조합 제도가 폐지되면서 과거 조합이 독점하던 식품들을 누구나 자유롭게 생산하고 판매할 수 있게 되자 누구든지 평등하게 식탁 문화를 즐길 수 있는 분위기가 조성된 것이다. 혁명으로 봉건 제도가 폐지되어 구체제에서 귀족들이 독점하던 여러 특권이 철폐되었고, 농민들은 각종 세금과 부역에서 해방되었다. 사유제가 인정되어 부유해진 농민들이 많아지고 농민 식생활도 차츰 개선되어 비교적 풍족한 시골 농가에서는 고기와 채소를 넣고 끓인 국민 음식 포토푀*pot-au-feu national*를 자주 먹을 수 있게 되었다.

또한 혁명을 계기로 프랑스에서는 레스토랑 문화가 발전했다. 16세기에 처음 등장한 '레스토랑*restaurant*'이라는 용어는 원래 '원기를 회복시켜 주는 따뜻한 육수'를 뜻했다. 잘 우려낸 이 육수는 허약한 도시민들의 건강을 위한 보양식이었고, 『백과전서』의 레스토랑 항목에도 이를 '활력과 정력을 더하기 위해 사용하는 치료 약'이라고 설명할 만큼, 당시 사람들에게 이것은 음식이라기보다 약에 가까웠다. 사람들은 고기를 끓여 농축시킨 이 국물에 자양과 영양분이 가득 들어 있어 건강 회복에 절대적인 효과가 있다고 믿었다.

1760년대 파리에서 레스토랑이라는 육수를 팔던 사람 중에서 훗날 레스토랑의 기원이 되는 식당을 열었고, 초창기 레스토랑들은 '건강의 집'이라고 홍보하면서 라틴어 표어나 논문을 의학적 근거로 내세워 허약하고 피곤한 사람들에게 도움이 된다고 광고했다. 그래서 서민 대상의 선술집과 달리 레스토랑에는 건강에 신경 쓰는 예민하고 까다로운 부유층 손님들이 주로 모였다. 레스토랑은 이런 고객층에 맞춰 실내를 고급스럽게 꾸미고 손님마다 따로 식탁을 마련했다. 화려한 도자기 그릇을 사용하고 식사 시간도 자유롭게 운영하면서 손님 기호에 맞춘 개별 서비스라는 새로운 개념을 인식시켰다.

보양식용 농축 육수를 판매하던 레스토랑은 점차 두 가지 형태로 발전했다. 하나는 과일이나 채소 혹은 가벼운 식사 메뉴를 내놓는 간소

최초의 레스토랑인 불랑제를 묘사한 그림
쇼터 보이즈,
<바이욀 거리와 장 티송 거리 모퉁이>,
1831년

화된 식당이었고, 다른 하나는 기존에 음식 판매 허가를 받은 이들이 개인 식탁을 갖추고 본격적인 요리를 제공하는 음식점으로 변모한 경우였다. 그러면서 부유한 도시 상류층을 대상으로 혁신적이고 예술적인 기교를 자랑하는 요리들을 선보이는 레스토랑도 잇따라 등장했다.

개별 식탁과 방을 갖추고 각종 음식을 파는 시설이 생기기 전까지 외식이란 공동 식탁에서 사람들 무리에 끼어서 주인이 제공하는 고정 메뉴의 음식을 먹는 것이었다. 하지만 1770년대가 되자 레스토랑의 고객들은 메뉴판에서 개별적으로 음식을 골라 먹을 수 있었고, 따로 분리된 개별 방에서 식사할 수도 있었다. 레스토랑이 공인된 식사 장소이자 유행을 따르는 세련된 장소로 떠오르면서, 레스토랑이라는 단어는 육수가 아니라 장소를 의미하게 되었고 파리의 식당들은 이제 간판에 레스토랑이라는 단어를 새겨넣었다. 레스토랑은 손님이 언제 오든지 간에 작은 개인용 식탁에 정해진 가격의 보양식이나 메뉴판에 적힌 음식을 차려주는 혁신적인 문화를 체험하는 매력적인 공간으로 거듭났다. 물론 식량난에 허덕이던 사회 분위기에서 위화감을 조성한다는 이유로 비난의 대상이 되기도 했으나, 대혁명 기간에 지방에서 올라온 혁명 대표들이 파리에서 묵으며 레스토랑에서 식사했기 때문에 레스토랑은 계속 활기가 넘쳤다.

Chapter 6

식도락의 전성기,
미식이 일상이 된 19세기

모두의 미식이 된 프랑스 요리

프랑스의 19세기는 대혁명 이후에 요동쳤던 정치적 격동에도 불구하고, 과학기술이 비약적으로 발전하면서 생활은 편리해졌고 미식은 황금기를 누렸다. 요리를 문화로 여기는 프랑스 특유의 사회 풍토 속에서 파리를 중심으로 레스토랑 문화가 발전했다. 여기에 유럽 상류사회에서 이름을 떨친 요리사 카렘과 여러 요리사의 해외 진출, 그리고 17세기부터 다져져 19세기에 세련되게 완성된 오트 퀴진이 더해지면서 프랑스 요리의 위상은 더욱 탄탄해졌다.

1789년 7월 대혁명이 발발하고 며칠이 지난 어느 날, 혁명 지지 세력이자 국민의회 의원이었던 빌레트 후작은 거리에서의 공동 식사를 제안했다. 왕의 의사로 선택된 소수만 참석할 수 있었던 베르사유의 연회와 달리, 누구나 국민을 대표하는 국민의회 의원들과 함께 공동으로 식사할 수 있다는 것은 대혁명 초기에 평등과 박애를 상징적으로 보여준 사건이었다. 바스티유 함락 1주년 기념일 전날인 1790년 7월 13일에 팔레 루아얄 광장에서 국민의회 의원들은 2천여 명의 관중이 지켜보는 가운데 '나라를 위한 식사'을 했으며, 14일에는 지방에서 올라온 사람들을 '끝이 보이지 않는 식탁'으로 초대해 대접했고, 남은 음식은 가난한 사람들에게 나눠 주었다.

이처럼 신분 고하에 상관없이 함께 식사하는 모습은 시민들을 결속시키는 확실한 방식으로 대중의 지지를 얻었고, 몇 년간 계속된 거리에서의 공동 식사는 사람들의 인식 변화에 큰 영향을 끼쳤다. 부유한 부르주아는 고급 레스토랑을, 가난한 부르주아도 소박한 식당을 이용해 자유롭게 음식을 즐겼고 빈곤에 시달리는 민중도 개방의 식탁을 만끽했다. 파리 거리 곳곳에서는 사람들이 모여 함께 식사하는 광경이 펼쳐졌다. 이른바 '민중의 식사회'를 통해 사람들은 차별이나 계급의 구분 없이 한자리에 앉아 식사하며 평등을 몸으로 경험했다.

이제 사회적 위계에 따라 음식이 달라야 한다는 생각은 사라지게 되었다. 지역의 다양한 식자재가 모여드는 수도 파리에서는 출중한 요리사들이 앞다투어 능력을 뽐내면서 특권층만 맛볼 수 있던 요리를 돈만 있으면 누구나 곳곳에 즐비한 레스토랑에서 먹을 수 있게 되었다. 몰락한 귀족들은 더 이상 요리사가 공들여 만든 오트 퀴진을 독점할 수 없게 되었다. 귀족에게 고용되었던 요리사들이 선보이던 고급 요리의 새로운 소비자는 신흥 부르주아 계층이었다. 시대의 주역으로 부상한 부르주아는 동경해 마지않던 귀족들의 생활을 열성적으로 모방하기 시작했다.

혁명정부는 공동 식사를 통해 모두가 평등한 사회를 꿈꾸었다. 그러나 식량 부족과 굶주림으로 고통받았던 파리는 19세기에 들어서며 음식에 대한 욕망으로 다시 끓어올랐다. 프랑스 혁명과 산업혁명을 거치며 급성장한 부르주아 계급은 과거 귀족만이 누리던 특권을 누릴 차례가 되었다는 듯이 평민들과 구별되는 생활 양식을 추구했다. 혁명 전에는 왕궁과 귀족들, 그리고 대부호의 저택에서만 제공되었던 세련된 고급 요리는 호화롭고 청결한 레스토랑의 탄생과 함께 퍼져나갔고, 신흥 부르주아 계층은 오트 퀴진을 맛보면서 신분 상승의 기쁨을 마음껏 누렸다. 레스토랑은 값비싼 최신 유행 의상을 한껏 차려입고, 세련된 식탁 예법과 교양을 과시하며 요리의 진미를 즐기는 부르주아들의 사교 장소가 되었다. 오트 퀴진에 익숙해진 그들은 혁명 이전의 귀족들처럼 고급 음식을 풍성하게 차려놓고 손님을 초대하며 사회적 지위를 과시하려는 욕망에 사로잡혔다. 고상하고 세련된 기호가 신분을 나타내는 기준이 되면서 사교적 대화를 교양 있게 나누며 미식을 즐기는 일이 무엇보다 중요해졌다.

파리의 인구는 급격히 증가해서 19세기 중반에는 100만 명으로 급증했고, 10년 후에는 200만 명에 육박할 만큼 인구 증가 속도가 빨랐다. 인구 급증과 파리의 도시 개조 정책으로 부동산 가격이 폭등하면서 중심지에서 밀려난 노동자들은 변두리나 외곽의 값싼 주거지를 찾아야 했지만, 신흥 부르주아는 더욱 부유해졌고 완전히 탈바꿈된 파리는 해외의 이목을 집중시켜 유행의 중심지로 떠올랐다. 19세기 중반부터 프랑스가 네 차례나 개최한 파리 만국박람회 덕분에 경제가 호황을 누리면서 국내외 관광객들은 화려한 파리로 몰려들었다.

이러한 사회경제적 변화는 레스토랑이 보편화되는 배경으로 작용했다. 산업이 발달하면서 유통 체계도 개선되어 지방과 해외에서 풍부한 식자재가 유입되었고, 조합의 통제에서 벗어난 요리사들은 자유롭게 레스토랑을 열 수 있었다. 미식에 대한 열정으로 가득 찬 부르주아에게 만족스러운 요리를 맛볼 기회를 제공하는 요리사들은 전례 없이 드높아진 사회적 위상을 체감하며 높은 소득을 올렸다. 요리와 음식에 관한 관심이 폭증하면서 레스토랑의 숫자도 급증했고, 동시에 파리에서는 손님을 집으로 초대해 연회를 베푸는 것이 유행했다.

갑자기 부를 축적해 새로운 상류층으로 등극한 졸부들도 대세에 맞춰 앞다투어 연회를 개최하려 했으나 연회를 제대로 치르기란 쉬운 일이 아니었다. 혁명 전에 연회란 궁정이나 귀족의 저택에서나 베풀어지는 행사였기에 손님 접대 격식은 물론 손님의 법도, 연회용 상차림이나 음식 접대 방식 등은 상류사회의 구성원들에게만 익숙한 관습이었다. 그러다 보니 연회가 유행할수록 연회를 준비하고 치르는 법을 가르치고 배우는 지식 역시 자연스럽게 주목받기 시작했다. 어설픈 행동에서 벗어나 올바른 식탁 예절과 식사법을 익혀 상류사회에 어울리는 인물로 자리 잡고자 한 이들을 위해, 귀족들의 식도락 예절과 포도주 음미법을 다룬 에티켓 책자들이 쏟아졌다. 더불어 소양을 갖추고자 하는 욕망에 부응하는 미식 강론도 등장했다.

미식에 관한 관심이 사회적으로 뒷받침될 수 있었던 것은 과학기술의 발달과 산업혁명 덕분에 식량 공급이 더욱 원활하고 풍족해졌기 때문이다. 밀, 순무, 보리, 클로버를 돌려 짓는 4부 윤작 체계가 도입되면서 잡초 성장이 억제되고 토양이 비옥해져 곡물 생산량이 늘어났다. 여기에 사료 압착 기술이 개발되어 사료를 장기간 보관할 수 있게 되자, 겨울마다 가축을 도살할 필요도 줄어들었다. 개량 파종기 덕택에 종자 낭비가 줄어 수확하는 곡물량이 증가했고 농기구가 대량 생산되면서 낮은 가격에 보급될 수 있었으며, 낙농산업이 전문화되면서 충분한 양의 우유가 생산되자 버터와 치즈가 풍부해졌다.

신흥 부르주아 계층은 과거 귀족들과 달리 식자재를 자체적으로 조달할 만한 경작지를 보유한 것은 아니어서 가능한 한 품질 좋은 식품을 다양하게 구매하고자 했다. 산업 발달로 농수산물의 유통 체계가 개선되어 지방에서 파리로 유입되는 각종 식자재뿐 아니라 해외에서 수입된 식품도 넉넉히 구할 수 있었다. 산업혁명으로 철도가 건설되자 화물의 육로 수송이 훨씬 쉬워지면서 도시민들의 식생활은 크게 개선되었다. 산 채로 운반되어 야위고 지친 가축을 도살하는 방식을 택했던 과거에는 품질이 저하된 고기를 먹을 수밖에 없었지만, 19세기 중반에는 현지에서 도살된 신선한 고기가 대노시로 운반되었고, 엄장이나 훈제 또는 건조된 생선 대신 시장에서 신선한 생선과 해산물을 살 수 있었다. 냉각 시설 없이 비위생적인 통에 담겨 상온으로 수송되었던 우유는 1860년대에 냉각기가 개발되면서 착유 후 신속히 금속 우유 통에 담겨 철도로 운반되었다. 철도는 국내 수송뿐 아니라, 해외 수입 물품의 신속한 운반에도 한몫해서 러시아와 북아메리카에서 생산된 밀이 유럽 대륙에 공급될 수 있었고, 질 좋고 저렴한 가격의 아메리카와 호주의 육류 덕분에 사람들은 기본 식품을 훨씬 싸게 구매할 수 있었다.

대체식품의 개발도 활발해졌다. 열대 식물인 사탕수수 대신 온대기후에도 자라는 사탕무에서도 설탕이 추출될 수 있다는 것이 알려지면서 19세기 초부터 사탕무 공장이 세워지기 시작했고, 19세기 중반에 프랑스에는 사탕무 공장이 48군데나 생겼다. 19세기 초에 통조림 제조 기술이 발명되고 1860년대 후반에는 버터 대용품인 마가린이 생산되면서 소시민들도 다양한 음식을 저렴하게 먹을 수 있게 되었다. 이처럼 값싸고 품질 좋은 식품이 풍부해지면서 사람들의 식생활에노 변화가 생기는데, 집에서 먼 일터에서 일하는 파리의 서민들도 아침에 카페에서 신선한 우유를 넣은 카페오레와 희고 부드러운 빵을 먹을 수 있었다. 카페나 레스토랑에서 점심을 먹고, 주말에는 가족이나 동료와 함께 변두리의 술집에서 고기 요리와 포도주를 마시면서 유흥과 오락을 즐겼다.

조리 기구도 발전했다. 19세기 초까지도 석탄 가열 방식의 벽돌담 오븐에서 요리했으나, 19세기 말에 약한 화력의 열도 효율적으로 조절할 수 있는 연료 절약형 스토브가 발명되고, 위가 막힌 레인지로 개선되면서 요리 준비가 훨씬 쉬워지고 다양한 요리가 개발될 수 있었다. 1860년대에는 철제 레인지가 중산층 가정에 보급되었고, 20년 후에는 석탄가스가 널리 이용되면서 고체연료 대신 가스 스토브를 사용하게 되었다.

음식과 요리에 관한 관심이 사회 전반에 고취되는 데에는 저명한 요리사들의 등장과 그들이 저술한 요리책도 한몫했다. 카렘과 에스코피에 같은 명장들은 훌륭한 요리를 선보이는 것 외에 요리법 소개에도 관심을 기울여 요리책을 집필했다. 향상된 인쇄 속도와 제지법 덕택에 출판업이 호황을 누렸고, 1882년부터 시행된 무상 의무 교육으로 문자 해독이 가능한 대중들이 증가하면서 독서 문화가 정착되었다. 더불어 그리모와 브리야사바랭이 꽃피운 미식 저널리즘 덕분에 사람들은 더욱 요리에 관심을 가지게 되었는데, 이들은 대중에게 미식의 개념과 가치를 소개하고 확산시켜 미식이 주목받도록 만들었다. 그리고 미식을 만드는 사람들과 미식을 즐기는 사람들 모두에게 공통적인 기준을 제시함으로써 미식 관련 산업의 발달에도 공헌했다. 또한 요리사들이 미식 저널리즘을 통해 요리에 눈을 뜬 미식가들의 입맛에 맞추기 위해 치열하게 경쟁하면서 프랑스 요리는 더욱 세련되게 발전했다. 19세기 프랑스에서 형성된 미식 문화는 오로지 프랑스에서만 볼 수 있었던 독특한 사회 현상이었다.

맛있는 음식의 예술, '가스트로노미'

미식의 수도가 된 파리에는 지방의 산해진미와 해외의 진귀한 식자재가 물밀듯이 쏟아져 들어왔고, 프랑스를 떠나 해외로 진출했던 요리사들은 훨씬 창의적이고 숙달된 기술을 연마해 돌아왔다. 혁명 이후에 몰락한 왕족과 귀족 집안의 요리사들이 파리에 레스토랑을 여는 것이 하나의 유행이 되면서 레스토랑이 발달하자 음식에 관한 각종 담론이 등장했다. 레스토랑은 파리를 가장 파리답게 하는 명소이자 미식의 중추로 자리 잡았고, 화려한 고급 레스토랑 외에도 검소한 손님들을 대상으로 한 레스토랑도 개장하며 19세기 초 파리는 식탁의 즐거움을 누리는 매력적인 도시로 우뚝 선다.

프랑스어 '가스트로노미*gastronomie*'는 미식이나 식도락을 의미하고, 요리 자체를 일컫기보다는 음식과 요리에 대한 전반적인 지식을 포괄하는 개념이다. 이 용어는 1801년에 시인이자 역사가인 베르슈*Joseph*

*Berchoux*의 시 〈가스트로노미 또는 밭에서 식탁으로의 인간*La gastronomie, ou l'homme des champs à table*〉을 통해 알려졌는데, 위장을 뜻하는 가스트로*gastro*와 규식을 의미하는 노모스*nomos*의 합성이인 가스트로노미는 '위를 다스리는 법이나 소화의 법칙'을 의미하는 학술 용어로 17세기 프랑스어에 처음 등장했다. 그러나 이 단어가 '맛있는 음식의 예술'의 의미로 사용되기 시작한 것은 19세기가 되어서이다.

이처럼 거의 묻혀 있는 학술 용어였던 이 단어를 부활시킨 사람이 바로 베르슈인데, 미식가였던 그는 시 〈가스트로노미〉의 서문에서 맛있는 음식을 먹는 즐거움부터 적절한 식사 시간의 배분까지, 정성 가득한 식탁에서 손님을 대접하는 연회 주체자의 노력과 식탁에서 나누는 기쁨을 이야기했다. 본문에서는 식탁의 즐거움을 묘사하면서 이를 '가스트로노미'라는 단어로 집약한다. 이제 음식을 즐기는 일은 요리가 주는 진미를 온전히 느끼고, 음식 본연의 맛을 미학적으로 음미하는 것이 되었다. 이 시가 성공을 거두고 가스트로노미가 널리 알려지면서 평론가들의 미식 이론이나 요리 평가, 미식 안내서가 쏟아져 나왔다. 당시 사회상을 적나라하게 그려냈던 당대 작가들의 작품 속에도 요리는 중요한 소재로 등장했다. 이제 요리는 모두에게 공통 화두로 떠올랐다. 새롭게 등장한 미식 저널리즘을 통해 미식에 관한 지식은 미식가라면 누구나 갖춰야 할 기본 상식이 되었으며 미식은 일상적인 대화 주제로 자리 잡았다.

글로 즐기는 미식의 시대

요리 평론이 본격적으로 시작되면서 미식 저널리즘이라는 지평을 연 사람은 알렉상드르 발타자르 로랑 그리모 드 라 레니에르*Alexandre Balthazar Laurent Grimod de La Reynière*(이하 그리모)였다. 파리 사람들이 책은 읽지 않고 식욕만 충족시키고 있다는 출판업자의 푸념을 들은 그리모는 그렇다면 먹을 것을 읽게 해주겠다고 결심하고 『미식가 연감*L'almanach des gourmands*』을 집필해 이른바 '글로 즐기는 미식*gastronomie en lettres*'의 시대를 열었다.

혁명 이후 많은 레스토랑이 생겨났지만, 음식의 질이나 전문성에 대한 진지한 고민 없이 음식을 내놓기에 급급한 곳이 많았으므로 귀족들 사이에서 레스토랑은 그다지 인기가 없었다. 그래서 그리모는 친구들이 음식에 관심을 두도록 매일 다른 레스토랑을 찾아다니며 어떤 음식이 훌륭한지를 설명한 음식 비평을 저널에 실었다. 그 저널을 만찬 파

알렉상드르 발타자르 로랑
그리모 드 라 레니에르

티에 참석한 친구들에게 배포했으며, 결국에는 최초의 레스토랑 안내서를 출판하게 된 것이다.

18세기에도 식품이나 식품점에 대한 정보를 다룬 출판물이 없진 않았지만 그리모는 그 외에도 미식에 대한 견해와 방향을 제시하고 제과점이나 레스토랑, 식료품점의 상품에 대한 평가를 실어 소비자들에게는 필요한 정보를 제공하고 요식업계에는 경쟁을 유도하려 했다. 그리모는 공정한 평가를 위해 엄격하게 선발된 미식 심사위원회를 구성해 상품 견본들의 평가회를 열었고 『미식가 연감』에 판정 결과를 실었다.

세 번째로 발간된
『미식가 연감』 첫 장에 실린
미식 심사위원회의 모습

생산자와 소비자를 연결하며 요리의 가치를 전달하고 평가한 최초의 인물이 그리모였고, 이러한 방식은 요식업계의 인재 발굴과 발전에 큰 영향을 미쳤다. 이후 연감으로는 수요를 따라갈 수 없을 정도로 호응을 얻은 요리 저널리즘은 격월간지나 월간지로 출간되었고, 부르주아 미식가들이 그리모의 평가에 귀를 기울이게 되자 이를 의식한 레스토랑들은 경쟁적으로 더 좋은 음식을 내놓으려 노력하면서 요리는 더욱더 발전했다.

미식 담론을 꽃피운 브리야사바랭

미식 저널리즘의 시작은 그리모였지만, 본격적인 미식 담론을 꽃피운 인물은 장 앙텔름 브리야사바랭*Jean Anthelme Brillat-Savarin*이다. 브리야사바랭이 저술한 『미각의 생리학[21] *Physiologie du goût*』은 시중에 나온 요리를 직접 평가하는 책이 아니라 미식에 관한 철학과 견문을 모아놓은 일종의 수상록이다. 법관으로 일했던 그는 미식에 흥미를 느끼고 레스토랑에 가는 것과 사람들을 집에 초대하는 것을 즐거움으로 삼았던 사람이었다. 그는 미식의 개념을 정립하고 그 가치를 널리 알리는 데 중점을 두었고, 미식이란 미각을 즐겁게 하는 사물에 대한 정열적이고 사리에 맞는 습관적인 기호라고 정의하면서 대식이나 식탐 같은 과도함은 미식의 적이라 규정했다.

21)   우리말 번역본의 제목은 『미식 예찬』이다.

"당신이 먹는 것을 말해주면, 당신이 누구인지 말해주겠다"라는 경구로 대표되는 이 책은 스무 개의 경구로 시작해 서른 개의 성찰과 음식 및 음식 문화에 연관된 개인적인 일화와 추억으로 구성되어 있다. 이 경구들에는 음식, 그리고 음식을 먹는 행위가 갖는 의미와 프랑스인들의 음식에 대한 전통적인 태도와 정신이 담겨 있다. 브리야사바랭은 이 책이 의학 지식에 근거하고 있다고 강조하면서 미식을 일종의 전문 지식이자 새로운 과학으로 소개했다. 그는 미식에 학술성을 부여하려는 목적으로 '미각'과 당시 유행 중이던 자연과학 용어인 '생리학'을 결합하여 책 제목으로 정하고, "미각의 생리학 또는 가스트로노미에 관한 탁월한 성찰, 학술적, 문학적, 지적 학회들의 회원인 한 교수가 파리의 미식가들에게 바치는 이론적, 역사적, 시사적 작품"이라는 부제를 달았다. 시대의 최신 학문인 생리학을 적용한 이 책이 프랑스의

228

브리야사바랭의 경구 "음식은 자양분이 많은 요리에서
가벼운 요리로 가는 것이 올바른 순서다"를 묘사한
1900년대 엽서의 삽화

식문화를 체계적으로 종합하며 음식에 관련된 사항들을 포괄적으로
정리한 미식의 완결판임을 확실하게 천명한 것이다.

유기체의 기능과 기제를 다루는 학문이라고 정의되는 '생리학'은 실
증주의와 과학주의가 등장했던 19세기에 인간의 행동을 다루는 영역
에서 광범위하게 사용되던 용어였다. 따라서 이 책은 당대의 과학적
지식에 근거해 거의 모든 분야를 다루면서 식탁에 관한 인간의 활동과

그 원리를 설명하는 의학적이고 과학적인 개론이라는 인상을 심어주고자 했다. 그가 성찰에서 다루고 있는 요리법과 미식, 미식가, 요리의 철학적 역사, 레스토랑 경영자의 태도 등의 미식 관련 논고들, 미각과 후각, 식욕의 감각 작용을 통해 식사의 즐거움을 인식하는 기제에 대한 설명과 소화, 갈증, 비만 등에 대한 분석 등을 실어 놓은 것을 보면 '미각의 생리학'이라는 제목은 꽤 그럴듯해 보인다.

브리야사바랭은 미식이란 음식을 먹는 인간에 관련된 모든 것에 관한 체계적인 지식이라고 정의했다. 여기에는 박물학, 물리학, 화학, 요리, 상업 등은 물론 식탁 외교와 같은 국가 차원의 교섭 수단과 레스토랑 경영 수입의 징세 방법 등에 이르기까지 사회 전반의 모든 것이 포함된다. 그는 미식의 대상이 되는 이 모든 분야의 지식은 '먹는 즐거움*plaisir de manger*'만을 추구하는 동물과 달리 '식탁의 즐거움*plaisir de la table*'을 추구하는 인간이 최고의 기쁨을 누리게 한다는 점에서 모든 인간에게 필수적인 요소라고 주장했다. 더 나아가 고급 음식에 대한 수요는 무역을 활성화하고 세수를 늘렸으며, 요리사와 제빵사, 식품 상인에게 일자리를 제공해 자본이 순환하는 경제적 효과를 낳았다고 설명한다.

그는 지식의 총체로서 학문적 성격이 강한 개념인 미식과, 폭식이나 탐식이 아니라 미각을 즐겁게 하는 것을 선호하는 판단 행위인 구르망디즈*gourmandise*를 구분해 정의했다. 구르망디즈는 절제 속에서 미식을 즐기고 타인과 맛의 기쁨을 나누는 태도를 뜻하는 프랑스 특유의 개념이었다. 브리야사바랭은 구르망디즈란 미식을 제대로 즐기고, 그 즐거움을 칭찬하고 감탄할 줄 아는 자질로서 사교적 관계 형성에 중요하고, 초청자가 손님을 성심껏 대접하고, 손님은 즐거운 대화로 이에 화답하는 사교성이야말로 미식을 통해 여러 나라를 공통의 이해관계로 연결하는 힘이라고 지적했다. 사실상 나폴레옹이 전쟁에서 패한 뒤 전승 동맹국에 총 15억 프랑 이상의 배상금을 지급해야 했던 프랑스를 구원해 준 것도 바로 미식이었다. 프랑스의 황홀한 미식에 매료된 외국인들이 파리로 몰려와 상당한 대가를 지급하면서 기꺼이 미식을 즐기려 했기 때문이다.

위대한 요리사 카렘

19세기에 미식과 미식가라는 말이 일상적인 용어로 자리 잡고 레스토랑에서 식도락을 즐기며 활기차게 요리 평론을 할 수 있었던 배경에는 미식의 수도 파리에 세련되고 창의적인 요리를 만들어 내는 뛰어난 요리사들이 존재했기 때문이다. 그중에서도 마리-앙투안 카렘*Marie-Antoine Carême*은 '요리사의 왕'이라 불릴 만큼 단연 돋보이는 존재였다. 그는 이전 시대의 오트 퀴진을 계승하고 발전시켜 새로운 요리를 만들어 냈는데, 카렘의 요리를 맛본 어느 영국 작가가 극찬을 쏟아낼 만큼 그는 프랑스 요리의 기본에 충실하면서도 창의적인 요리를 선보이며 근대적 오트 퀴진의 창시자로 우뚝 섰다.

카렘은 기존의 요리법을 체계화하는 데 주력했다. 그의 대표적 저서인 『19세기 프랑스 요리법*L'art de la cuisine française au 19ème siècle*』에 다양한 요리법을 소개하고 이 요리법들을 구조화해 다른 요리사들이 쉽게 배워서 따

마리-앙투안 카렘

라 할 수 있도록 했다. 그가 과거의 요리를 개선하고 재창조한 새로운 요리법 중에서 미식가들의 입맛을 사로잡은 음식 중 하나는 수프다. 그는 식사는 반드시 수프로 시작해야 한다고 주장하면서 196가지 프랑스식 수프와 103가지의 이국적 수프를 소개했다. 또한 새로운 소스나 요리법, 제과 기술을 제안하며 요리의 새로운 장을 열었다.

11살의 어린 나이에 주방 보조로 일하게 된 카렘은 파리의 유명한 파티시에 밑에서 본격적인 제과사로 성장했고, 창의적인 과자 장식물인 '피에스 몽테*pièces montées*'를 만들어 '과자 건축의 팔라디오'[22]라는 명

22) 베네치아 공화국 출신의 안드레아 팔라디오는 르네상스 후반기 고대 그리스와 로마 문화를 재해석한 건축양식을 고안하여 후대에 큰 영향을 미친 건축가이다.

카렘의
피에스 몽테 디자인

성을 얻는다. 설탕이나 누가nougat, 마르지판 등을 이용해 여러 층으로 쌓아 올려 만드는, 일종의 장식 케이크인 피에스 몽테는 공식적인 연회에서 식탁 중앙에 놓이는 화려한 장식물로서 카렘의 평판을 드높이고 출세의 길을 터 주는 역할을 톡톡히 했다.

18세기 중반부터 파리는 유럽 식문화의 중심이 되었다. 대혁명 이후 활성화된 레스토랑 덕택에 그런 경향은 더욱 두드러졌고, 외국인들에게도 인기가 많았던 고급 레스토랑에는 관광객은 물론 외교관들로 붐비면서 각국에 그 분위기가 전달되었다. 따라서 화려한 프랑스식 식탁은 여러 국가의 고관들을 만족시키는 훌륭한 외교의 장이 될 수 있었고, 그런 이유로 나폴레옹 정부의 외교관이었던 탈레랑_{Charles Maurice de Tulleryrand-Périgord}은 당시 복잡다단한 국제 정세 속에서 요리를 외교의 중요한 도구로 활용하고자 카렘을 기용한다. 카렘의 뛰어난 요리 솜씨는 영국과 러시아, 독일의 유력 인사들을 통해 유럽 전역에 알려지게 되고, 카렘은 영국 왕 조지 4세와 러시아 황제 알렉산드르 2세, 그리고 그 외 주요 국가들의 대사들에게 연이어 초빙되어 그들의 개인 요리사로 활약하면서 전 유럽에 명성을 떨쳤다.

카렘은 틈틈이 작성한 메모를 바탕으로 요리책을 집필했고 이 책들은 대단한 반응을 얻었는데, 그의 대표적 저작인 『19세기 프랑스 요리법』은 유럽 요리사들의 절대적인 지침서가 되었다. 1834년 50세의 나이에 유명을 달리한 카렘의 1832년도 인세가 2만 프랑이었고, 마지막으로 개인 요리사로 일하면서 받은 연봉이 8천 프랑이라는 사실만 봐도 그의 성공이 어느 정도였는지 짐작할 수 있다. 미식의 전성기였던 19세기에 카렘과 같은 천재적인 요리사가 등장하면서 프랑스 요리는 유럽 미식의 기준으로 등극했고, 그 이후의 프랑스 요리의 위상에도 절대적인 영향을 끼쳤다.

문학 속의 미식 세계

미식이 사회 전반의 관심사로 떠오르면서 시대와 사회상을 기록하는 작가들의 작품에도 빠지지 않고 등장했다. 스스로 미식가라 자처했던 발자크는 『인간 희극 *La comédie humaine*』에서 파리의 사회 분위기와 미식 문화에 주목했는데, 그에게 식탁은 가정의 소득과 생활 방식이나 사교 활동 등을 드러내는 확실한 길잡이였고, 위치와 가격, 평판이 제각각인 카페나 레스토랑을 골라 선택하는 것도 그들의 처지와 생활 정도 혹은 성격이나 취향을 알려주는 열쇠였다. 예를 들어, 『사촌 퐁스』에서 퐁스는 음악가로서 한물간 뒤, 언제나 초대받던 손님에서 친척 집을 전전하며 눈치껏 아첨과 심부름을 해야 하는 식객으로 전락한 인물이다. 그럼에도 그는 살찐 잉어를 연인보다 더욱 귀하게 여기고, 송로를 넣은 가금류 요리를 그리워할 만큼 식도락을 즐기는 인물로 묘사된다.

발자크를 필두로 플로베르, 졸라, 모파상, 프루스트 등도 각자의 방식으로 미식의 세계를 소설 속에 가미하면서 문학 속의 미식 세계는 동시대 작가들이 즐겨 다루는 주제가 되었다. 플로베르의『마담 보바리』에서 주인공 엠마가 샤를과의 행복한 결혼으로 꿈꾸는 황홀한 미래에 대한 기대는 결혼식 날 차려진 멋진 음식들에서 엿보이고, 프루스트의『잃어버린 시간을 찾아서』에서 홍차나 보리차에 적셔 먹던 마들렌 과자에 대한 회상은 일요일 오찬 속 행복한 추억으로 그려졌다.

레스토랑에서 호텔로, 진화하는 미식 공간

19세기 프랑스의 레스토랑은 파리의 상징이 된다. 1780년대 후반부터 파리 팔레 루아얄을 중심으로 최고의 요리는 물론이고 화려한 실내 장식과 세련되고 품위 있는 접대 방식을 선보이는 고급 레스토랑이 들어서기 시작했다. 나중에 루이 18세가 되는 프로방스 백작의 수석 집사였던 앙투안 보빌리에가 1782년에 개장한 〈라 그랑드 타베른 드 롱드르 *La Grande Taverne de Londres*〉는 궁정의 오트 퀴진을 최초로 도입한 고급 레스토랑이었다. 이후 속속 들어선 고급 레스토랑들은 귀족이나 부유한 부르주아가 집 밖에서 원하는 식사를 즐기는 외식 문화의 보금자리로 발전했다. 파리의 레스토랑은 초창기에는 수십 개에 불과했으나 곧 수백, 수천 개로 늘어났고, 좋은 평판을 얻은 레스토랑에는 주머니가 넉넉한 손님들로 넘쳐났다.

레스토랑 문화가 꽃핀 데에는 대혁명의 영향으로 전통적인 신분제도가 무너지고 신흥 사회계급인 부르주아가 부상한 영향이 컸다. 물론 폐쇄적인 조합 제도가 붕괴되면서 요리사들이 자유롭게 레스토랑을 열 수 있게 된 사회적 요인도 있었나. 여기에 더해, 당시 비약적으로 발전한 과학기술 역시 레스토랑 문화 확산에 중요한 역할을 했다. 초창기의 레스토랑은 석유램프와 양초, 거울을 이용해 실내를 밝혔으나, 1785년에 그을음이 적고 훨씬 밝은 램프가 등장해 파리의 밤을 빛나게 했고, 1820년 무렵부터 설치된 가스등과 1900년 무렵의 가스와 전기 가로등 덕택에 거리가 한결 밝고 안전해지면서, 더욱 쾌적해진 레스토랑에서 저녁 식사를 즐기는 것이 하나의 문화로 자리 잡을 수 있었다. 조명이 밝아지면서 손님들은 자그마한 개인 대리석 식탁에 앉아 서로를 관찰하며 식사하곤 했으므로, 18세기 후반에서 19세기 초까지의 레스토랑 문화에는 '구경'이라는 시각적 요소도 더해졌다. 손님은 자신의 취향대로 음식을 주문하고 혼자 식사를 즐기면서 주변 사람들을 관찰할 수 있었을 뿐 아니라, 다른 사람들이 자신을 구경하는 것도 느낄 수 있었다. 물론 타인의 시선이 꺼려지는 사람들을 위해 별실을 제공하는 레스토랑도 있었는데, 이런 곳은 정치나 사업 혹은 연인들의 데이트 장소로 이용되었고, 때로는 밀회나 은밀한 정치 모임을 위한 은신처 역할도 했다.

업무 외의 용건을 처리하기 위해 일과 후에 레스토랑을 찾았던 남성들과 달리 여성들은 주로 점심시간을 선호하면서, 19세기 레스토랑의

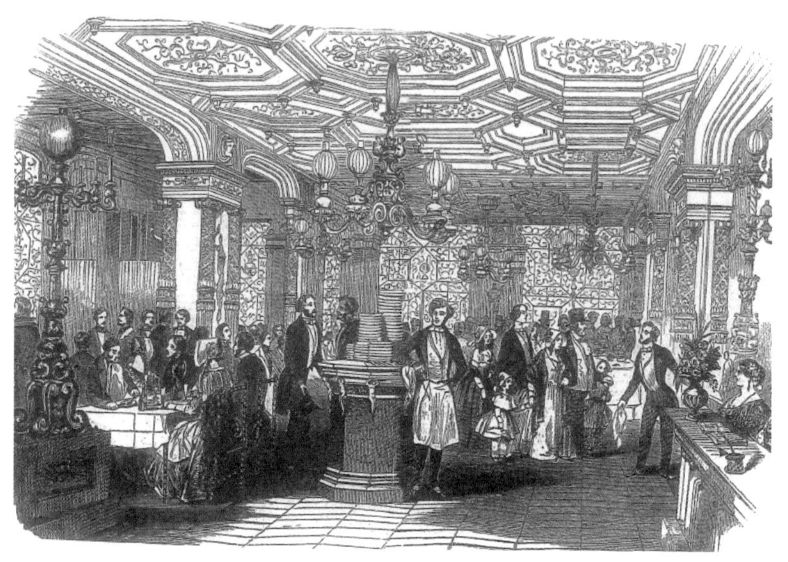

1846년 런던 뉴스에 실린 <레 트루아 프레르 프로방소> 레스토랑의 모습

주 고객은 여성들이었다. 초창기에는 여성들의 레스토랑 출입이 자유롭지 않았다. 그러나 도시의 부유층을 중심으로 쇼핑과 모임을 즐기는 여성과 사무직 여성들이 늘어나면서, 적당한 비용으로 식사하고 담소를 나눌 공간에 대한 수요가 커졌다. 이에 맞춰 조명을 밝히고 위생과 안전을 강화한 카페테리아와 찻집, 아이스크림 가게, 레스토랑 등이 등장했다. 큰 거울이나 창문, 높은 천장, 짙은 색깔의 목재와 벨벳 소재의 천으로 육중하게 장식한 남성 중심의 레스토랑과 달리, 여성 고객을 겨냥한 레스토랑은 환한 조명과 꽃무늬 직물 등으로 밝고 경쾌한 분위

기를 연출했다. 이곳에서는 몸매에 신경 쓰는 여성들을 위해 샐러드와 수프, 달걀 요리 같은 가벼운 음식이 주로 제공되었다.

초창기 레스토랑에서는 선택할 수 있는 요리가 많지 않았지만, 점차 메뉴가 다양해지면서 손님이 고를 수 있도록 음식과 가격을 적은 종이가 제공되기 시작했다. 당시 사회를 묘사한 소설에는 어떤 음식인지도 모르고 주문해서 당혹해하거나 레스토랑의 한 끼 식사로 쌈짓돈을 날리고 곤혹스러워하는 장면이 종종 등장했다. 그만큼 메뉴를 읽고 음식을 주문하는 일은 간단치 않았으므로 식사법을 알려주는 지침서를 미리 읽고 숙지하는 일은 무엇보다 중요했다. 때마침 그리모의 『미식가 연감』을 필두로 다수의 레스토랑 명부와 안내서, 평가서들이 쏟아지면서 레스토랑은 프랑스 문화의 상징으로 부상했고, 레스토랑에 어울리는 규칙에 따라 메뉴를 읽고서 적절한 음식과 포도주를 주문하는 법을 배워 미식을 즐기는 것은 교양과 품격을 갖춘 행동이 되었다. 이런 지침서들은 어떻게 음식을 주문하는지, 어떤 순서로 먹어야 하는지, 식기 도구는 어떻게 사용하는지를 안내했고, 음식에 어울리는 포도주 선택과 음식의 맛을 보는 법도 가르쳐 주었다.

마음에 드는 레스토랑을 선택해 지인들과 담소를 나누며 먹고 싶은 음식을 소비하는 방식이 점차 일상화되면서 레스토랑도 증가했다. 19세기 중반 파리에는 무려 2,000개 이상의 레스토랑이 있었다. 초반에는 팔레 루아얄 주변에 집중적으로 생겼지만, 그 수가 늘어나면서 장

19세기 말 공연을 감상하며
식사와 음주를 즐기는
고급 레스토랑의 모습
베로,
<앙바사데르 레스토랑에서의 저녁식사>,
1880년경

소도 다양해졌고 종류도 세분화했다. 부유층에게 오트 퀴진을 제공하는 고급 레스토랑부터 중산층이 애용하는 레스토랑, 적당한 가격의 경제적인 요리와 전통 요리를 선보이는 일반 시민 대상의 브라스리*brasserie*, 노동자나 서민, 학생들이 간단하게 먹고 마시는 저렴한 음식점 가고트*gargote*, 야외에서 먹고 마시며 춤도 추는 술집 갱게트*guinguette*, 그 외에도 다양한 종류의 음식점들이 등장하면서 미식이란 계층을 막론하고 자신의 처지에 맞게 즐기는 문화로 인식되었다. 1880년대에는 수프, 채소를 곁들인 고기 요리, 디저트의 세 코스가 통상적인 보통 식사가 되었다. 형편에 맞는 외식이 하나의 문화로 자리를 잡자 이용할 수 있는 레스토랑의 수준은 곧 사회적 지위를 나타내는 지표로 여겨졌다.

19세기 파리의 레스토랑은 여행객들이 동경하는 장소 중 하나였고, 특히 미국인들은 음식은 물론이고 레스토랑의 분위기를 만끽하기 위

242

해 프랑스를 찾았다. 우아하고 화려하게 장식된 파리의 고급 레스토랑들은 파리의 대표 관광 명소가 되었고, 프랑스식 레스토랑은 이상적인 모델이 되어 전 세계로 뻗어나갔다. 유럽과 미국에서 품격 있는 레스토랑이란 곧 프랑스식 레스토랑이라는 공식이 성립되었다.

그러나 평등화의 물결이 거셀수록 차등화의 욕구도 커지는 법이다. 사회적 위계를 공고히 다지고 차등화된 소비 능력을 과시하고 싶은 계층에게는 레스토랑보다 더 특별한 장소가 필요했고, 19세기 말에 등장한 고급 대형 호텔은 이러한 욕망을 충족시켜 주기에 안성맞춤이었다. 스위스나 리비에라 해안의 아름다운 저택에서 요리사를 고용해 미식을 즐기며 오랫동안 휴가를 즐겼던 왕족이나 귀족과 달리, 부유했지만 집에 훌륭한 요리사를 고용하거나 지중해 해변에 별장을 소유할 정도는 아니었던 부르주아 계층의 욕구를 채워 줄 장소가 바로 호화로운 호텔의 고급 레스토랑이던 것이다. 호화로운 대형 호텔을 뜻하는 '팔라스_palace_'는 벨 에포크_Belle Époque_[23)]에 유럽과 미국 각지에 급증했고, 기차

[23)] 프랑스인들은 19세기 말에서 20세기 초, 프로이센-프랑스 전쟁 직후인 1871년부터 제1차 세계대전이 발발한 1914년 전까지의 시기를 '아름다운 시절'이라는 뜻의 벨 에포크라 부른다. 유럽의 관점에서 보면 이 시기는 유럽 문명이 세계 정치에서 가장 막강한 권력을 장악했던 제국주의의 절정기에 해당하여 경제적 번영과 풍요를 누렸던 황금기였다. 특히 파리를 중심으로 문화와 예술, 음악 분야가 융성하여 세계 각지에서 온 많은 예술가와 문인들이 활발히 창작 활동을 했고, 그 결과 문학, 음악, 연극, 시각 예술 등에서 수많은 걸작이 탄생했다. 이후 두 차례의 참혹한 세계대전으로 끔찍한 공포를 체험하게 되는 프랑스인들에게 벨 에포크는 고난의 시대와 대비되는 행복과 기쁨이 넘치는 아름다운 시절로 비친 것이다.

여행이 활성화되고 상류층 사이에서 온천 치료법과 해수욕이 인기를 끌면서 인기 관광지로 변모한 도빌, 르 투케, 비아리츠, 칸, 니스 등의 팔라스는 호황을 누렸다. 요리사 에스코피에*Auguste Escoffier*와 호텔경영자 리츠*César Ritz*는 그러한 팔라스의 성공을 이끈 주역이었다.

리츠를 매니저로 고용하고 에스코피에와 포도주 전문가인 에슈나드*Louis Echenard*를 호텔 지배인으로 초빙해 1889년 런던에 개장한 사보이 호텔의 개업식 파티에는 유럽과 미국의 사교계 명사들이 대거 초청되었고, 리츠와 에스코피에는 상류층의 미식을 대중에게 전파하는 선구자가 되었다. 시대의 중심으로 부상한 신흥 부르주아들은 자신들을 세상에 드러내고 싶었지만, 그들이 상류사회의 파티나 모임에 초대받을 기회는 거의 없었다. 그런데 사보이 호텔은 바로 그런 경험을 선사했다. 세상에서 가장 고상하고 대담한 요리, 때로는 엄청나게 화려한 고가의 요리를 선보이면서 상류층의 삶을 추종하는 부르주아에게 호사를 누릴 기회를 제공한 것이다.

팔라스가 인기를 얻으면서 이제 특별한 모임은 집이 아닌 호텔에서 선별된 음식을 먹으며 갖는 것이라는 생각이 자리 잡게 되었다. 호텔 레스토랑이 왕족이나 정관계 저명인사, 예술 분야의 명사들을 위한 특별 장소가 되면서 사보이 호텔의 그릴 룸은 제1차 세계대전 전까지 주연 배우, 극단장, 비평가를 위한 만남의 장소로 널리 애용되었다. 에스코피에는 단골손님이었던 프랑스 여배우 사라 베르나르, 영국 여배우

1900년경 사보이 호텔 레스토랑 입구 홀의 모습

한껏 치장한 부르주아들이 파리 리츠 호텔에서 저녁 식사를 하는 모습
자니오, <파리 리츠 호텔에서의 저녁 식사>, 1904년

릴리 랑트리, 호주 오페라 가수 넬리 멜바, 영국 국왕 에드워드 7세를 위해 특별 요리를 만들었고, 왕족의 도착을 알리는 벨을 따로 설치해 놓을 정도로 왕족들의 사랑을 받았다.

런던 사보이 호텔 운영으로 대성공을 거둔 리츠는 '왕조차도 자기 집에 두고 싶어 하는 세련됨과 고상함의 극치'를 표방하며 1898년 파리에 자신의 이름을 딴 호텔을 개업했다. 파리 리츠 호텔은 세계 최초로 모든 객실에 화장실과 전화기를 설치하고 전기가 들어오도록 설계했으며, 영국과 프랑스 귀족들의 저택과 같은 고풍스러운 분위기를 지향했다. 이제 사교계 명사들은 리츠 호텔에서 지인과 만나고 식사를 즐겼다. 여성들은 맵시 있고 세련된 옷차림을 자랑했고 남성들은 재력을 과시하면서 새로운 사업 계약을 맺곤 했다. 1904년에 발간된 『르 피가로』에 "파리의 계절은 늘 리츠에서 시작되고 리츠에서 끝난다"는 문구가 실려 있을 정도로 이제 '리츠답다_ritzy_'라는 말은 '고상하고 세련되며 우아하다'를 뜻하는 유행어가 되었다. 파리 리츠 호텔은 그렇게 프랑스 각계각층의 명사들이 즐겨 찾는 최고 인기 장소로 등극했다.

귀족을 동경했던 부르주아들

프랑스 대혁명을 기점으로 사회가 변화하고, 과학과 기술이 눈부시게 발전하던 19세기에는 기존의 가치 체계가 무너지고 사회가 새로이 재편되면서 신흥 계급이 부상하는데, 바로 부르주아다. 대혁명 이후의 정치적 격변으로 혼란스러운 사회에서 봉건귀족은 쇠퇴하고 교역과 운송 발달에 힘입어 부를 축적한 신흥 세력인 부르주아가 사회 전면에 등장하면서 귀족에 버금가거나 그 이상의 부와 학식을 갖춘 부르주아가 점점 늘어났다. 물론 막대한 자본을 소유하고 기업을 경영하는 거대 부르주아부터 소규모 자본으로 자영업이나 전문직에 종사하는 소부르주아까지 부르주아 계급 안에서도 분명히 차이는 있었으나, 그들은 모두 귀족도 아니고 직접 노동을 하는 하층민도 아닌, 중간 어딘가에 있는 존재라는 공통점이 있었다. 노동자처럼 고된 삶을 살아야 하는 것은 아니어서 하층민과는 분명히 구분된다는 자부심이 있었지만,

그렇다고 귀족처럼 타고난 혈통과 권력을 가진 것도 아니었다. 부르주아의 정체성에는 하층민을 향한 멸시와 우월감 그리고 귀족에 대한 열등감이 동시에 내재하고 있었다.

그러니 그들은 언제나 귀족의 삶을 동경하고 열성적으로 모방하고자 했다. 일례로 플로베르의 소설『보바리 부인』의 주인공 엠마는 귀족이 주최한 무도회에 초대되어 상상 속에서만 그려왔던 귀족의 세계를 경험한다. 그날 이후 엠마는 그들의 삶을 동경하며 현실 속에서 이를 흉내 내기에 이른다. 기능과 실용성을 우선시하고 절제와 검소를 미덕으로 삼던 부르주아와 달리, 귀족들의 우아한 차림과 세련된 태도 앞에서 엠마는 위축된다. 각종 문화생활을 누리는 귀족들이 자신에게는 생소한 주제로 나누는 대화를 들으면서 자신의 한계를 절감한 그녀는, 이후 귀족을 닮고자 하는 욕망으로 그들의 삶을 좇는다.

그런데 부르주아라는 계층을 구분하는 명확한 경계는 없었다. 그런 까닭에 사회 구성원 대다수는 스스로를 부르주아라 자처했고, 이른바 부르주아 생활 양식이라 일컬어지는 삶의 태도와 사고방식, 각종 에티켓 등은 사회 전체의 정체성이 되어 일상의 기준이 되었다. 사람들은 자기들보다 바로 위에 있는 상위 계층의 유행 양식을 이상으로 삼고, 자존심과 체면 유지를 위해 그것을 따라잡으려고 애를 썼다. 끊임없이 욕망을 추구하는 부르주아 계층은 하층민과의 차이를 공공연히 드러내며 사회 활동을 통해 계급 정체성을 형성해 나갔다. 클럽이나 모임을 만들어 친교를 나누고, 각종 여가 모임에서 지식과 정보를 교환하면서 선별된 인간관계를 구축했다. 그러면서 자신들에게 어울리는 행동양식, 교양, 품위, 옷차림, 말솜씨 등을 만들어 나갔다.

이런 관점에서 식사 예절은 부르주아의 정체성을 과시하는 수단이었고, 프랑스 사교계에서 식사는 사교와 미식 두 가지를 의미했다. 레스토랑에서 지인들과 함께 우아한 오트 퀴진을 경험하면서 귀족의 기호를 따라잡기 위해서는 까다로운 식탁 예절을 준수하며 음식을 평가하고 즐기면서 다양한 주제로 대화를 나눌 능력을 갖춰야 했다. 공들여 꾸민 집에서 품격 있는 연회를 열어 좋은 사회적 평판을 얻는 일은 무엇보다 중요해졌다. 집주인의 취향을 보여주는 실내 장식과 의상은 물론, 노련한 하인을 적재적소에 배치하고 고급 요리를 선보이는 식탁을 내놓으며 고상한 가족 취향과 품격을 과시하는 연회는 사교계 진출을 위한 교두보였다. 그래서 식당은 중후한 커튼과 장식용 그림 액자, 값비싼 은식기와 도자기, 진귀한 골동품을 진열한 찬장으로 장식했고, 식탁에는 섬세한 자수가 놓인 하얀 리넨 식탁보가 깔렸다. 연회 예절에 관한 각종 서적을 참고하면서 선별된 손님들을 만족시킬 훌륭한 요리를 대접해 남들이 부러워하는 성공적인 연회 주최자라는 사회적 평판을 얻는 기회는 상류사회로 나아가는 지름길이었다.

19세기에 들어서 과거 남성이 독점했던 식사와 연회 초대 관련 업무는 모두 부르주아 집안 안주인의 몫이 되었다. 생계유지를 위한 가

19세기
부르주아 가정의 식사 모습
모네, <점심식사>, 1868년

사 노동을 직접 하는 것은 부르주아 여성의 도리가 아니었다. 저택에서는 최소 10명 이상, 중산층이라면 3~4명의 하인을 두었는데 처지에 맞게 인력을 고용하고 일을 분배하는 것 역시 안주인의 임무였다. 집으로 손님을 초대해 연회를 열기 위해서는 동시에 조리가 가능한 여러 화구의 조리용 화덕을 갖춘 최신식 주방과 각종 도구를 완비한 식당이 필요했기에 식당은 부르주아 계층의 신분을 과시하는 필수품이 되었다.

조리 공간과 분리된 식당은 부르주아 계층에서 가족 간의 친밀감을 보여주는 공간이기도 했다. 프랑스에서 식당은 19세기가 되어서야 일반화되었고, 19세기 중반부터는 가정의 친밀함을 유지하고 대외적인 과시 욕구를 충족시키는 장소가 되었다. 부르주아 가정의 일상 식사는 하인들을 배제한 오직 가족끼리만 하는 식사였는데, 부르주아는 귀족의 혈통 대신 가족을 새로운 중심축으로 삼았다. 식탁에 둘러앉아 가족끼리 오롯이 하는 식사는 가족의 결속과 통합을 다지고 유대감을 공고히 하는 시간이 되었다. 이제 식사는 음식 섭취라는 단순한 행위가 아니라 함께 시간을 공유하며 서로 소통하는 가족의 의례로 자리 잡았다. 19세기 후반부터 가정적 유대감과 사회적 성공이 동일시되면서 이러한 사고방식은 모든 사회계층에 전파되기 시작했고, 옷차림을 단정히 하고 매일 저녁이나 매주 일요일에 온 가족이 식탁에 모여 앙트레-본식-디저트로 구성된 식사를 함께 먹는 일은 프랑스 국민의 관례가 되었다.

프랑스식 상차림에서 러시아식 상차림으로

부르주아 계층은 귀족을 동경하고 모방하고자 노력했지만, 오트 퀴진을 그대로 답습하기보다는 독자적인 식생활을 도모했다. 그들은 푸아그라나 송로버섯 같은 고가의 식자재로 공들여 만든 오트 퀴진의 섬세하고 우아함은 추구하면서도 실용성과 가정을 중시했던 부르주아다운 고급 가정요리를 개발해 사회적 소속감을 표시하려 했는데, 이를 부르주아 요리라 부른다. 부르주아 요리[24]는 이미 17세기부터 언급된 바 있으나 19세기에는 여러 요리책에서 다룰 정도로 체계화되었다. 19세기 말에는 부르주아 여성들에게 요리법을 가르칠 목적으로 르 코

---

[24] 우리에게 잘 알려진 부르주아 요리로는 프랑스 대표 요리로 소개되는 포도주로 찐 닭고기 요리인 코코뱅(coq-au-vin), 각종 채소와 적포도주를 넣은 소고기찜 요리인 뵈프 부르기뇽(bœuf bourguignon), 마르세유의 명물 생선 요리인 부아베스(bouillabaisse), 감자와 생크림을 넣은 그라탱 도피누아(gratin dauphinois) 같은 것들이 있다.

르동 블루*Le Cordon Bleu*와 같은 요리 학교와 온갖 요리 전문 잡지들이 잇달아 등장했다.

주지하다시피 부르주아도 여러 계층으로 나누어지므로, 부르주아 요리도 하나로 뭉뚱그릴 수는 없다. 대략적으로만 봐도 오트 퀴진에 버금가는 그랑드 퀴진 부르주아즈*la grande cuisine bourgeoise*, 파리 지역의 요리 스타일인 퀴진 파리지엔느*la cuisine parisienne*, 지방 요리인 퀴진 드 프로방스*la cuisine de province* 등으로 나뉘는데, 부르주아 요리에는 때때로 '왕가나 왕비, 황태자 스타일'이라는 식으로 왕실이나 귀족계급 명칭 혹은 지역명을 따서 요리 이름에 붙였다.

오트 퀴진만큼이나 부르주아 식탁의 예법도 엄격해서 양모 양탄자를 깐 식탁 위에 풀을 먹여 빳빳한 흰색 리넨 식탁보를 깔고 60센티미터 간격으로 식기 세트를 배치하되 숟가락, 두 개의 큰 칼과 생선용 칼은 접시 오른쪽에, 포크는 왼쪽에 놓고 식수용 컵과 종류별 포도주 컵을 여러 개 배열하고, 세심하게 접은 냅킨의 주름 안에 빵을 놓아야 하는 등의 규칙을 지켜야 했다. 포크와 칼, 유리잔이 흔하지 않았던 18세기에는 접시를 치우면서 포크와 칼도 같이 가져간 후에 세척해서 다시 차렸고 유리잔도 필요할 때만 가져다주는 방식이었다. 그러나 19세기 중반에 식기가 대량 생산되면서 식탁에 미리 배치하는 방식으로 바뀌게 되었다.

산업혁명 덕택에 도자기, 잔, 크리스털, 은세공품이 널리 사용되었고, 다양한 용도와 크기의 접시가 만들어져 육류용, 생선용, 채소용 접시는 물론 아스파라거스, 굴, 아티초크, 달팽이 요리 전용 접시도 등장했고, 식탁 장식용 소품들도 다량으로 제조되었다. 이렇게 식기가 대량 생산되자 이제는 식기를 갖췄다는 사실만으로 차별화할 수 없었다. 집 주인은 변덕스럽게 바뀌는 유행을 따르면서도 고급스럽고 우아한 디자인으로 통일된 식기 세트를 구비하고, 손잡이에 다양한 색깔과 모양의 자개나 상아 혹은 고가의 원목으로 장식한 세련된 칼과 포크, 숟가락을 배치하는 것으로 자신의 안목을 내세워야 했다.

이러한 시대 변화에 맞춰 프랑스식 상차림이라 불리는 전통 식사법을 제대로 차리면 손님 수에 따라 백여 개의 접시까지도 한꺼번에 올라갔다. 식기류가 다양해지면서 용도별 포크와 칼, 숟가락은 물론이고 포도주 냉각기, 잔 냉각기, 소스 용기, 식초와 기름 세트, 겨자와 크림 용기, 설탕 용기 등의 각종 양념 용기, 요리를 데우는 보온기 등이 식탁에 가득 올려졌고, 코스를 구성하는 갖가지 요리가 기하학적 대칭 구조에 맞게 한꺼번에 제공되었다. 그런데 한꺼번에 많은 요리가 차려지는 전통적인 프랑스식 상차림은 보온기와 덮개를 사용하더라도 따뜻하게 먹어야 할 요리들이 미적지근하거나 식어 있을 때도 많았다. 또, 기하학적 대칭에 맞게 요리를 배치하다 보니 손님들이 손도 대지 않고 그대로 치워지는 요리도 적지 않았다. 그러니 실리를 중시하는 부르주아로서는 낭비가 심한 전통 프랑스식을 그대로 답습하는 것이 못마땅한 일이었다. 세 개의 서비스로 구성하는 대신 두 개의 서비스로 축소하거나 한 번의 서비스에 올라가는 요리의 수를 줄이는 등 나름대로 개선책을 강구했다.

이런 와중에 1810년 6월에 러시아 대사 쿠라킨*Alexander Kourakine*은 파리 근교에서 주최한 연회에서 완전히 새로운 방식으로 손님들을 접대하면서 파리 시민들에게 깊은 인상을 심어주었다. 미리 식탁에 가득 음식을 차려놓는 전통 프랑스식과 달리 식탁에는 음식이 하나도 없었고, 좁고 긴 천으로 장식된 식탁 중앙에는 가지 달린 촛대와 접시들, 그리고 조화가 놓여 있었다. 손님들이 자리에 앉자 하인들은 음식을 가져오기 시작했는데, 고기 요리는 기존과 달리 이미 먹기 좋은 크기로 잘려 소스나 고명, 채소가 함께 담겨 나왔다. 또한 미리 정해진 요리를 순서대로 손님 자리에 직접 가져오는 방식이었다. 손님은 식탁 위에 차려진 요리 중에서 먹고 싶은 음식을 골라 먹는 대신, 모두에게 제공되는 같은 종류의 요리를 차례로 맛보게 되었다. 음식이 조리 직후 제공되었기 때문에 손님들은 뜨거운 요리는 뜨겁게, 차가운 요리는 차갑게 즐길 수 있었다. 이후 이 방식은 러시아식 상차림이라고 불렸다.

그렇다면 왜 이 러시아식 상차림이 부르주아 계층의 관심을 끌었을까? 부르주아에게는 구체제의 유산이자 귀족들의 전통인 프랑스식 상차림 대신 시대의 새로운 주역이 된 자신들만의 정체성을 표현하는 새로운 방식이 필요했다. 온갖 요리를 한꺼번에 차려 손님이 원하는 음식을 골라 먹게 했던 프랑스식 상차림은 버려지는 음식이 많았지만, 러시아식 상차림은 회식자의 선택의 폭은 줄이되 6~8개의 요리 코스를 제공해 실용성을 높였다. 게다가 러시아식은 부르주아가 원하는 평등과 차별화라는 역설적인 두 가지 요소가 공존하는 방식이기도 했다. 프랑스식 상차림은 초대받은 사람들을 신분이나 지위에 따라 좌석 배치를 달리하고 접대 요리도 차등화하는 불평등을 전제하지만, 러시아식은 주빈을 배려해 먼저 음식을 접대하는 격식은 지켰으나 그 외의 손님들에게는 한번은 왼쪽에서 오른쪽으로, 다음번엔 오른쪽에서 왼쪽으로 접대 순서를 조정하는 방식으로 음식을 내놓았다. 이처럼 같은 공간의 식탁에 앉은 사람 모두가 공평하게 대접받는다는 사실은 부르주아에게 매력적인 요소가 되었을 것이다. 이 평등이라는 개념이 같은 식탁을 공유한 사람들에게만 한정된다는 점 역시 마음에 들었을 텐데, 서민층과 분명히 차별화된 식탁을 구현하고자 하는 욕망도 충족시켜 주었기 때문이다. 회식자의 수에 맞춰 동시에 알맞은 온도의 요리를 제대로 내놓기 위해서는 노련한 하인들이 여럿 필요한 데다 여기에 우아한 식기 세트와 세련된 상차림, 식탁보와 장식까지 갖춰야 했으니 말이다. 식탁에 앉은 사람들은 그저 제공받은 음식을 먹기만 하면 되었고, 하인들의 시중을 받으며 신분적 우월감을 느낄 수 있다는 장점도 여전히 유지되었다.

러시아식 상차림이 프랑스에 정착되기까지는 꽤 시간이 걸렸으나

19세기 중반이 되면 보급되기 시작하고 19세기 말에는 레스토랑을 중심으로 완전히 자리 잡는다. 물론 모두가 프랑스식 상차림보다 러시아식 상차림이 더 좋다고 생각하는 것은 아니었다. 득히 음식의 맛과 효율성을 우선한 러시아식 상차림 탓에 전통적인 프랑스식 상차림의 미학적인 면모가 사라지고 있다는 비판이 많았다. 작가 알렉상드르 뒤마는 자신이 원하는 부위가 아니라 차려지는 대로 먹어야 하고 차례차례 나오는 음식을 재빨리 먹는 데 집중해야 하는 러시아식에서는 프랑스식 상차림처럼 요리의 아름다움을 감상하고 그 맛에 감탄할 시간적 여유가 없다고 비꼬았다. 프랑스의 전통 오트 퀴진의 명맥을 잇는 카렘과 같은 요리사 역시 자신의 피에스 몽테를 중심으로 수프와 전채요리, 앙트레와 를르베, 앙트르메 등의 요리를 대칭적으로 배치해 화려하게 차려내는 프랑스식 상차림이 훨씬 우아하다고 생각했다. 그래서 19세기 중후반까지도 외교적인 공식 만찬과 성대한 행사에는 프랑스식 상차림이 선호되었다. 19세기 말, 러시아식 상차림이 일반화되면서 에스코피에는 오늘날 우리에게 익숙한 코스 요리의 구성, 즉 전채요리, 수프, 생선, 채소를 곁들인 육류, 단 과자류, 디저트라는 순서의 체계를 확립했다.

벨 에포크는 프랑스 미식의 황금기였다. 누구보다 맛과 멋, 그리고 음식에 관해 조예가 깊은 프랑스인이 사랑하는 파리의 요리는 세계 요리의 모범으로 등극했고, 주요리를 시각적으로 돋보이게 하는 고명과

19세기 말 제과점의 모습
베로, <글로프 제과점>, 1889년

화려한 요리 장식도 등장했다. 잘 먹는 것이 미덕인 시대여서 가장 간단한 저녁 식사라도 수프나 포타주 다음에 가벼운 앙트레와 고기, 채소와 샐러드, 앙트르메, 치즈 조각과 과일을 먹었고, 격식을 차린 정찬이라면 식전주와 비스킷, 각종 수프와 포타주, 생선과 채소 고명을 곁들인 구운 고기, 푸아그라나 햄 등의 돼지고기, 샐러드, 과일과 아이스크림까지 나왔다. 요리는 대부분 밀가루를 넣은 버터크림의 진한 소스를 기본으로 한 것들로, 정찬으로는 최소 7~8개의 요리가 나왔는데,

음식을 골라 먹거나 깨작거리는 행위는 눈살을 찌푸리게 하는 예의 없는 행동이었다. 또한 레스토랑과 더불어 카페나 찻집이 유행하면서 배불리 먹은 사람들의 마지막 입맛을 유혹하는 케이크와 달콤한 디저트들이 경쟁적으로 출시되었다.

도시인과는 다른 농민의 식탁

19세기에도 서민들의 식사는 여전히 빵 같은 탄수화물에 의존했고, 프랑스의 곡물과 감자 소비는 1894년에 정점을 찍었다. 물론 혁명 이전에 비하면 신선한 고기를 조금 더 먹을 수 있게 되었다. 가금류는 드물었으나 일요일에는 돼지고기를 먹기도 했다. 이따금 수프에 돼지기름을 넣기도 하고 양배추, 양파, 강낭콩 등의 녹색 채소나 감자를 곁들였다. 버터는 거의 먹지 않았고 우유는 많이 마셨으며, 해안 지방을 제외하면 생선을 먹기는 힘들었다. 과일은 매우 귀해서, 주로 사과와 배를 먹었고 포도 재배 지역에서는 포도를 먹었으며, 초콜릿과 커피는 특별한 날에만 먹는 별식이었다.

파리 노동자들은 주말마다 가족이나 지인끼리 파리 근교나 외곽의 술집에서 비교적 싼 고기나 포도주를 즐겼다. 당시 파리를 통과하는 거의 대부분의 식품에는 간접 소비세의 일종인 입시세入市稅가 부과되었

식탁에 둘러앉은 농부 가족
이스라엘, <식탁의 농부 가족>, 1882년

다. 이 세금을 내지 않는 변두리 지역에는 훨씬 저렴한 음식점이 많았고, 자연스럽게 노동자들의 휴식처이자 유흥 장소가 되었다. 다른 유럽 국가와 달리 프랑스는 농촌 인구의 비중이 높아, 19세기 말인 1880년대에도 전체 국민의 70퍼센트가 농촌에 거주했다. 이로써 도시와 농촌 간의 생활 격차는 점점 더 벌어져 시골 사람들은 지출의 절반 이상을 식비로 쓰고도 굶주림에 시달렸다. 이 상황을 견디지 못한 가난한 농촌이나 지방 출신의 젊은 여성들은 대도시로 상경해 부르주아 가정의 고용살이 하녀가 되었다.

가공식품의 탄생, 음식의 대이동

유럽의 도시 확장은 빠르게 진행되었고, 1900년대에는 인구 100만 명이 넘는 대도시만 9개에 이르렀다. 공장이 즐비한 이 도시들에는 경작지가 없었으므로, 산업혁명 이후 도시로 몰려든 수많은 사람을 먹일 신선한 식품을 확보하는 일은 국가의 당면 과제로 떠올랐다. 집 밖에서 일하는 노동자들은 외부에서 식사를 해결해야 했는데, 그에 따라 식품을 오래 보관할 수 있는 기술과 음식을 체계적으로 가공하는 방식이 요구되었다.

대량의 식자재가 필요해지자 이를 상하지 않게 보관하는 문제가 중요해졌다. 특히 병사들의 전투 식량을 안정적으로 조달해야 하는 군대에는 더욱 시급한 과제였다. 기존의 건조·염장·훈제 방식으로는 신선식품 확보에 한계가 있었고, 나폴레옹은 군의 사기 진작을 위해 영양이 풍부한 신선식품이 필요하다고 보았다. 프랑스 정부는 식량 장기 보존 방안을 공모했고, 1804년 아페르가 가열 살균 방식의 병조림을 출품해 당선되었다. 1810년 영국에서 깨지기 쉬운 병조림의 단점을 보완한 깡통 통조림이 개발되었고, 미영전생을 계기로 전투 식량으로 각광받았다. 미국에서는 남북전쟁 시기 통조림이 대량 사용되며 소비가 급증했고, 1870년 깡통 따개 발명 이후 인기가 폭등해 20세기에는 세계 최대 통조림 생산국이 되었다. 19세기에는 식품 보존 기술도 크게 발전해 염장 식품, 피클, 잼 등 전통 방식이 산업적으로 개량되었고, 건조 보존식(19세기 전반), 농축 우유(1856), 마가린(1869) 등도 만들어졌다.

우유는 음료와 버터, 치즈 등의 가공품으로 널리 사랑받았으나 생우유는 쉽게 변질되어 생산지 인근에서만 마실 수 있다는 한계가 있었다. 1861년에 프랑스의 과학자 파스퇴르가 부패와 발효의 원인이 공기 중의 미생물임을 밝혀냈고, 저온 살균법을 개발한 파스퇴르 덕분에 도시에서도 신선한 우유를 맛볼 수 있게 되었다. 1860년에는 분유가 발명되어 이유식 시장이 열리면서 신생아를 위한 분유와 이유식이 본격적으로 생산되기 시작했다. 프랑스에서는 19세기 중반에 가난한 집의 아이들에게 밥을 먹일 목적으로 학교에 식당이 생겼는데, 19세기 말에 무상 교육과 의무 교육이 제도화되고 학교가 증가하면서 동시에 학교 식당도 늘어났다.

1859년 만국박람회에는 액체 암모니아를 이용한 제빙기가 출품되었고, 이를 계기로 냉장·냉동 기술이 비약적으로 발전했다. 증기선과 냉장·냉동선의 등장으로 생선·육류·과일 등 신선식품의 해외 운송이 가능해졌다. 1861년 호주에 육류 냉동 공장이 설립되었고, 1876년에는 아르헨티나에서 프랑스까지 냉동선으로 육류를 운송하기 시작했다. 그 결과 남북 아메리카의 값싼 곡물과 고기가 대량으로 유럽에 유입되어, 유럽 식탁은 아메리카와 호주산 식품으로 채워졌다. 1869년 대륙횡단철도 완공과 냉장 화물 열차 운행으로 1870년대에는 미 서부 소고기가 유럽 식탁에 곧바로 오르게 되었다. 저온 살균 공법과 냉장 기술, 철도 운송이 맞물리며 도시민은 신선식품을 충분히 즐길 수 있게 되었고, 저렴한 신선 우유의 보급으로 생우유는 물론 커피와 홍차에 우유를 곁들이는 일도 일상이 되었다.

공장에서 생산된 최초의 가공식품도 등장했다. 1830년에 프랑스의 므니에는 코코아 가루를 대량 생산하는 공장을 설립해 초콜릿을 과자로 변모시켰고, 1847년에는 영국에서 현재와 같은 판형 초콜릿 제품이 출시되었다. 1876년에는 스위스에서 우유를 첨가해 부드러운 초콜릿을 만드는 등 초콜릿 산업이 비약적으로 발전했다. 이후 과자, 껌 등 다양한 제품이 생산되기 시작하고 전 세계에서 운송된 식자재를 가공해서 만든 상품이 식탁에 놓이는 시대가 되었다.

가공식품이 보편화되면서 음식에 대한 사고도 바뀌었다. 특히 미국의 자본주의는 자연적인 음식 대신에 가공식품에 영양학적 합리성을

1893년
므니에 초콜렛 광고 포스터

부여하며 식품에서 맛을 부차적인 요소로 밀어냈다. 미국 영양사들은 탄수화물, 지방, 단백질의 역할을 강조하며 맛이 아니라 영양소가 중요하다고 주장했고, 1880년에 화학자 앳워터가 식품의 영양학적 가치를 측정하는 열량이라는 개념을 적용하면서, 음식은 맛이나 재료가 아니라 열량으로 평가받게 되었다. 미국 요리책은 음식의 맛보다 열량이나 비타민 같은 에너지원과 영양소의 가치를 강조하며 유럽의 요리 전통과 뚜렷이 구별되었다.

Chapter 7

20세기, 세계로 나아간 프랑스 미식

전 세계가 찾는 미식 여행의 나라, 프랑스

19세기가 파리를 세계 요리의 중심으로 만든 미식의 황금기였다면, 20세기 초는 관광 산업의 성장과 함께 프랑스 미식이 세계로 퍼져나간 시기였다. 퀴르농스키_Curnonsky_라는 필명으로 유명한 20세기 최고의 미식 작가인 모리스 에드몽 사이앙_Maurice Edmond Sailland_이 19세기 말부터 관광 산업이 본격화되면서 미식의 세계화가 이루어진 것을 '관광과 식도락의 신성동맹'이라 부를 정도였다. 식품 산업 종사자, 호텔과 레스토랑 경영자, 미식 작가 등이 맺은 신성동맹은 관광의 주된 목적을 미식 체험으로 소개했고, 각종 관광 관련 책자들은 그 길을 충실히 안내했다.

19세기에 민족주의가 대두되면서 프랑스에서 미식은 국가가 반드시 지켜야 할 문화유산으로 인식되었다. 이를 위해 각종 계획이 추진되었고 관광, 미식, 레스토랑은 최고의 요리 대국이자 미식 국가인 프랑스 문화를 체험하는 필수 요소로 자리 잡았다. 영국은 19세기 초부터 문화관광의 중요성을 인지하고 관광에 온천여행이나 겨울 스포츠와 같은 여흥을 결합한 상품을 개발했고, 프랑스 역시 1910년에 최초로 관광안내소를 설치하며 관광에 주목했다. 시장을 점유하기 위해 치열한 각축전을 벌였던 서구 열강 사이에는 20세기 초부터 관광이 경제 발전에 바람직한 산업 분야라는 개념이 생겼고, 시간적 여유와 재력을 겸비한 소수 부유층의 전유물이었던 관광은 철도와 자동차 같은 교통수단이 발달하면서 새로운 수입원으로 부상했다.

부유한 귀족이나 부르주아 대상의 호화로운 호텔이나 카지노, 극장 등이 기차역 근처에 하나둘씩 등장했고, 이런 곳의 요리사, 호텔 지배인, 고급 레스토랑 책임자는 거의 예외 없이 프랑스인이거나 프랑스에서 교육받은 사람들이었다. 이처럼 화려한 호텔은 우아한 식탁 예절과 품격 있는 접대 양식을 격식에 맞게 실행해야 하는 곳이었으므로, 1915년에는 최초로 니스에 호텔학교도 설립되었다. 대중관광의 시대가 열리자 이제 미식은 매력적인 상품이면서 프랑스의 문화적 역량을 보여주고 프랑스의 정체성과 생활 양식을 전파하는 훌륭한 수단이 되었다.

19세기에는 파리에 한정되어 미식 문화가 발달했지만, 20세기에는 관광 열풍을 타고 리옹이나 디종 같은 지방 도시들도 미식과 연계한 관광 산업을 추진하면서 재력을 갖춘 관광객을 대상으로 고급 레스토랑에서 오트 퀴진을 맛볼 기회를 제공하거나 대중을 대상으로 지방 특색을 살린 지역 요리를 경험할 기회를 제공하는 이원적 방향으로 발전해 나갔다. 이처럼 프랑스는 최고급 오트 퀴진부터 소박한 지역 요리까지 다양한 식도락 체험이라는 토대 위에서 관광 산업을 발전시키면서 '미식의 나라'라는 국가 브랜드를 구축했고, 그 결과 미식 관광은 경제적인 수입 창출이나 지역 발전은 물론 프랑스 음식 자체에 대한 호감도를 높여 포도주, 증류주, 샹파뉴, 푸아그라, 치즈 등 프랑스의 대표적인 식품의 수출 판로도 활짝 열렸다. 이제 미식은 프랑스의 역사와 생활 양식, 그리고 프랑스 국민의 집단의식과 향유 문화까지 통합하는 프랑스 문화 그 자체를 실현하는 수단이자 프랑스와 프랑스인의 정체성을 상징하는 표상이 되었다.

요리의 황제라 불린 에스코피에

19세기 말에 등장한 오귀스트 에스코피에는 카렘 이후에 가장 영향력 있는 요리사로 독일의 빌헬름 2세로부터 "나는 독일의 황제지만, 당신은 요리의 황제요"라는 말을 들을 만큼 국제적인 명성을 얻은 요리의 대가였다. '프랑스 미식의 아버지'로 불리는 그는 13살의 어린 나이에 레스토랑 주방 보조로 들어가서 니스의 벨뷔 호텔에서 일하게 되고, 그것을 기회로 파리에서 일할 수 있게 되었으며 1870년에 프로이센-프랑스 전쟁에 참전해 군대 조리장으로 근무했다. 전쟁 후 에스코피에는 파리에서 요리장으로 일하면서 사교계 명사들과 친분을 쌓았다. 요리사로서도 소스의 일인자로 인정받을 만큼 일찍부터 탁월한 실력을 발휘해 19세에 니스 벨뷔 호텔 수방장의 지위에 올랐다. 그는 카렘을 본보기로 삼아 그의 요리법을 충실히 따랐고, '요리의 맛과 향을 중첩하지 말 것, 차가운 음식과 뜨거운 요리를 조화롭게 배치할 것, 요

오귀스트 에스코피에

리의 마무리에 자기만의 비법을 더할 것'이라는 카렘의 세 가지 원칙을 자신의 지침으로 삼았다.

1884년에 리츠를 만난 에스코피에는 몬테카를로 그랜드 호텔의 주방 감독을 맡았고, 같은 손님에게 같은 요리를 두 번 다시 내놓지 않기 위해 늘 새롭고 창의적인 요리법을 구상했다. 그 결과 유럽 전역의 요리사들에게 필독서로 손꼽히는 그의 『요리 안내서 *Le guide culinaire*』에는 무려 5천 가지가 넘는 요리법이 실릴 수 있었다. 1890년에 런던 사보이 호텔의 주방 책임자가 된 에스코피에는 호텔 레스토랑을 최신 유행을 이끄는 사교의 중심지로 인식시켰다. 그는 고가의 메뉴에서 음식을 고르는 기존 방식에 더해 고정 가격의 정식을 창안해 높은 수익을 올리며 명성을 쌓았고, 이후 여러 호텔의 총괄 요리장을 맡아 진가를 발휘했다. 에스코피에는 1913년에 독일 황제 빌헬름 2세에게 황제의 증기선에서 런던 칼튼 레스토랑을 재현한 선상 레스토랑을 진두지휘하며 오찬을 대접했고, 황제는 친히 에스코피에에게 '요리사들의 황제'라는 극찬을 내렸다.

에스코피에는 귀한 송로버섯과 푸아그라 등 고가의 식자재를 활용해 20여 가지 새로운 요리를 개발했다. 그는 "이름 없는 요리는 역사에 남지 못한다"는 카렘의 정신을 계승해 요리의 작명에도 공을 들였다. 친분이 있는 유명인이나 친구들의 이름을 붙여 요리에 이야기를 더했다. 예를 들어, 바닐라 아이스크림 위에 복숭아와 라즈베리 소스를 얹은 디저트에는 호주 오페라 가수인 넬리 멜바의 이름을 따서 '페쉬 멜바*Pêche Melba*'라 붙이는 식이었다. 카렘과 에스코피에 모두 유명 인사와의 교류를 발판으로 경력을 쌓았지만, 카렘의 후원자가 탈레랑이나 알렉산드르 1세, 영국의 조지 4세와 같은 최고위층 인사들이었던 반면, 에스코피에가 친분을 쌓은 인사들은 배우, 화가, 소설가 등 예술가들이 많아서 미식을 즐기는 계층이 확장되었다는 것을 알 수 있다.

에스코피에는 또한 오늘날의 현대식 주방 체계를 확립한 인물이다. 그는 효율적이고 신속한 서비스를 위해 호텔 주방을 근대적·전문화된 구조로 개편하며 주방의 효율화와 요리 단순화를 구체화했다. 빠르게 변화하는 사회에 맞춰 시간과 공이 많이 드는 고전적 플레이팅 대신 장식의 간소화를 제안했다. 요리 받침대는 생략하고 고명은 유지하되 수를 줄였다. 또한 먹을 수 없는 종이 장식, 접시 테두리 장식, 종 모양 뚜껑 등 불필요한 요소는 과감히 없앴다.

제1차 세계대전 당시 연합군 주방을 책임졌던 에스코피에는 군대식 조직 체계를 응용해 '주방 스텝 제도'를 고안했다. 조리 과정을 체계적으로 분업화한 이 제도는 오늘날까지 널리 쓰이고 있다. 그는 주방 전반을 총괄하는 총주방장, 이를 보좌하며 실무를 관리하는 부주방장, 각 요리를 책임지는 수석 조리장, 소스와 따뜻한 전채를 맡는 소스 담당자, 포도주 담당자, 보조 요리사, 조리 실습생 등으로 위계를 세워 권위와 책임을 부여했다. 또한 고기, 디저트(파티시에), 생선과 해산물 등 기능 중심으로 역할을 재편했고, 접대 음식도 찬 음식과 뜨거운 음식, 먼저·나중에 내는 요리로 구분해 주방이 조직적으로 움직이도록 했다. 주문 전표를 3장으로 만들어 주방·종업원·계산원에게 전달해 효율을 높였으며, 전표에 고객 이름을 적어 재방문 시 맞춤 음식을 준비하는 세심한 서비스로 만족도를 끌어올렸다.

에스코피에가 최고 요리사의 명성을 누린 것은 이러한 업적뿐 아니라 저술한 요리책들도 한몫하는데, 『요리 안내서』(1903), 『메뉴 책*Livre des menus*』(1912), 『나의 요리법*Ma cuisine*』(1934) 등은 후대 요리사들에게 교과서로 쓰일 정도이다. 그는 새로운 요리를 개발하기 위해 카렘과 타이방 등 고전 요리서를 참고하고, 지방의 전통 요리도 적극적으로 활용하여 요리를 재구성했다. 또한 경험을 전수하는 요리법에서 탈피해 정확한 계량을 이용하는 요리법을 도입함으로써 현대 요리책의 기초를 확립했다.

지역 요리를 부활시킨 리옹의 어머니들

19세기 프랑스는 파리를 중심으로 돌아갔다. 프랑스의 지방들은 파리의 식료품 조달 기지에 지나지 않았고, 1910년 이후가 되어서야 곡물죽 대신 흰 빵을 먹을 수 있었으며 제1차 세계대전까지도 지역 농산물 위주로 소비하는 생활을 했다. 지역적 차이는 뚜렷했고 시골은 여전히 고립된 상태에 머물러 있었다. 미식의 도시 파리의 세련된 요리들은 사실 대부분의 지방과는 무관한 것들이었다. 19세기 미식 작가들이 지방 요리를 언급한 적은 있었지만, 그들에게 지방 요리란 외국 요리나 다름없어서 파리 요리와는 확연히 다른 종류로 인식되었다.

그러나 자동차 여행의 시대가 열리면서 지역 레스토랑과 호텔들은 새로운 기회를 잡았고, 지역 안내 책자들은 자동차 여행객들에게 프랑스 지방 곳곳을 홍보했다. 두 차례의 세계대전으로 부호 고객이 줄어들면서 오트 퀴진의 위세는 꺾인 반면, 1936년에 유급 휴가 제도가 시

1897년에 자동차를 타고 있는 두 부르주아 여인의 모습
스튜어트, <1897년에 볼로뉴 숲에서 푸조 자동차를 타고 있는 골드스미스 부인들>, 1901년

행되자 시민과 노동자들도 휴가철에 프랑스 곳곳을 여행할 수 있게 되었고, 식도락 대중화의 시대가 활짝 열렸다. 그들은 거기에서 할머니와 어머니의 손맛을 떠올리는 전통적인 지역 요리를 맛보며 추억 속에 잠기곤 했다.

퀴르농스키는 프랑스 전 지역의 요리를 소개하는 26권짜리 『미식의 프랑스*La France gastronomique*』를 발간하며 이러한 분위기를 북돋웠다. 퀴르농스키가 1921년부터 3개월마다 1권씩 발행한 이 책은 '프랑스의 뛰어난 요리와 쾌적한 숙소 안내'라는 부제로 자동차 여행객을 대상으로

276

1900년에
최초로 발간된
미슐랭 가이드

지방 요리와 명소를 소개했고, 책마다 한 지역을 주제로 삼아서 1928년까지 7년간 28권이 출판되었다. 이것은 지방에는 아직 알려지지는 않았지만 소박하고도 매력적인 요리들이 숨어 있고 그것들을 발견해 대중을 새로운 미식의 세계로 인도하겠다는 그의 의지를 반영하는 것이었다. 이 성공적인 기획에 힘입어 여행과 미식의 결합이라는 개념은 확고하게 자리 잡았고, 동시에 지방 요리를 다시 조명하는 계기가 되었다.

이런 시대적인 분위기에서 『미슐랭 가이드*Le guide Michelin*』가 등장했다. 일명 '빨간 책*Guide rouge*'으로도 불리는 『미슐랭 가이드』는 자동차와 타이어 정비를 위한 정보를 제공하려는 목적으로 1900년에 처음 출간되었지만, 점차 자동차 여행자를 위한 호텔과 레스토랑 안내 비중이 높아지면서 미식 여행을 떠나는 여행객들의 필독서가 되었다. 1923년에는 추천 호텔과 레스토랑을 구분해 소개하기 시작했고, 레스토랑의 영향력이 점점 커지자 1926년부터는 별의 개수로 추천 식당을 표시하는 평가 방식을 본격적으로 시행했다. 처음에는 지방 레스토랑만 평가 대상으로 삼았으나, 1933년부터는 파리 레스토랑에도 별점을 매기기 시작했는데, 지역 레스토랑들은 파리에서 맛볼 수 없는 지역 특산물을 활용한 요리를 선보이면서 고객을 유치하려고 노력했다.

그중에서도 리옹은 퀴르농스키가 '미식의 수도'라고 부를 만큼 부르주아 요리로 명성이 자자했다. 리옹의 미식 문화를 이끌어 온 향토 식당인 부숑*bouchon*에서는 크넬*quenelle*[25]과 프랑스식 순대인 앙두예트*andouillette*나 부뎅*boudin* 같은 음식을 제공하고 지역에서 생산된 포도주를 내놓으며 여행객들을 유혹했다. 특히 이곳은 '리옹의 어머니들'이라 불리는 여성 요리사들이 활약한다는 점에서 남성 요리사 중심의 파리와 사뭇 분위기가 달랐다. 지중해와 북유럽을 연결하는 위치라는 지정학적 이점 덕분에 일찍부터 무역과 상업, 견직물 산업 등이 번창했던 리옹에

[25] 간 고기나 생선, 채소에 달걀이나 크림을 넣어 부드럽게 만든 후 작은 타원형 모양으로 빚어 끓는 물에 삶아 낸 일종의 프랑스식 만두로 창꼬치살로 만든 크넬 드 브로세(quenelle de brochet)가 유명하고, 버터와 크림이 들어간 바닷가재 소스인 낭투아 소스를 곁들여 먹는다.

는 18세기부터 많은 여성 요리사가 부유층의 저택에서 일했으나, 제1차 세계대전과 경제 대공황으로 부유층이 몰락하자 일자리를 잃게 되었다. 그러자 이들은 거리로 나와 부숑이라는 이름의 작은 식당을 차렸고, 사람들은 이들을 '리옹의 어머니들'이라고 부르게 되었다.

전쟁 이후 생활전선에 뛰어든 리옹의 어머니들은 공장과 시장에서 힘들게 일하는 노동자와 서민들을 위해 집에서 어머니가 해주듯이 돼지고기와 감자요리 혹은 값싼 부산물로 만든 순대나 소시지 같은 투박한 음식을 푸짐하게 내놓으며 서민적인 향토 식당을 만들어 나갔다. 리옹의 어머니들 중에는 외제니 브라지에*Eugénie Brazier*와 같이 최초의 미슐랭 3스타 여성 요리사로 선정된 사람도 있었다. 이들의 요리는 지역에 뿌리를 둔 전통적인 향토 요리로서 프랑스의 음식문화를 한층 풍요롭게 만들었으며, 세계적인 요리사가 된 페르낭 푸앵*Fernand Point*, 폴 보퀴즈*Paul Bocuse*, 알랭 샤펠*Alain Chapel*과 같은 젊고 재능있는 요리사들에게 기술을 전수하며 프랑스 요리의 위상을 높이는 데 공헌했다.

함께 먹던 식사에서 혼자 먹는 식사로

20세기 초의 산업혁명으로 인류의 식습관은 확연히 바뀌었다. 전통적인 방식으로 생산되던 밀가루, 식용유, 설탕, 식초 등의 식품들은 이제 공장에서 제조되어 시장에 출시되었고, 잼이나 통조림도 대량으로 생산되었다. 식품 산업의 영역이 확장되면서 계절에 상관없이 채소나 과일을 구매할 수 있었고 흉작에 대한 염려도 줄었으며 단조로운 식사나 식사 시간, 그리고 음식 조리 방식에도 상당한 변화가 일어났다. 수도와 전기, 가스가 일반화되면서 현대인의 생활은 더욱 편리해졌고 주거 공간도 간편해졌다.

1923년부터 해마다 파리에서 열린 가전제품 박람회에는 냉장고, 찜기, 프로판 가스 등이 등장했고, 부유한 부르주아 가정에서는 여전히 집안일 대부분을 가정부나 요리사에게 맡겼으나, 대다수 가정에서는 가족이 모두 모이는 일요일 식사나 특별한 행사 외에는 점차 식사가 간소화되었다. 정육점이나 슈퍼마켓 같은 새로운 식품 판매장들이 생겨나서 주부들은 이제 그곳에서 편리하게 장을 보게 되었다. 20세기 중반 이후에는 냉장고, 가스 오븐, 전기 오븐, 식기 세척기 등이 대중화되었고, 믹서기, 분쇄기, 반죽기 등의 다양한 보조기구들도 발명되면서 여성들은 고된 가사 노동에서 해방될 수 있었다.

그러나 20세기 중반까지도 도시와 시골의 차이는 뚜렷했다. 1950년대까지도 시골에서는 여전히 빵, 수프, 가공한 돼지고기, 백포도주나 사과주 위주의 전통적인 아침을 먹었고, 농부들은 점심과 저녁을 수프로 대신하곤 했으나, 도시에서는 카페오레에 버터 바른 빵을 아침으로 먹고 정육점의 고기를 소비했다. 도시와 시골 사이에 교류가 늘면서 일상용품을 판매하는 전국적인 시장이 세워졌고, 지역민들이 농산물 직판장에서 도시에서 파는 채소와 과일을 사고 신선한 생선과 고기를 구매할 수 있게 되자 그제야 시골과 도시의 식단이 비슷해질 수 있었다. 식생활이 더욱 산업화되면서 농부들은 자신이 생산한 우유를 대형 치즈 제조사에 팔고 상품으로 나온 치즈를 사 먹게 되었다. 프랑스는 1945년부터 1975년까지 영광의 30년이라 부를 만큼 눈부신 경제 성장을 이뤘고, 식생활이 현대화되면서 전 국민의 식습관이 비슷해졌다. 소득이 늘고 자동차가 보급되면서 프랑스 소비자들은 가격이 저렴한 대형 슈퍼마켓을 쉽게 이용할 수 있게 되었다. 그러면서 빵과 감자 중심의 식단에서 벗어나 치즈와 신선한 과일을 더 자주 즐겨 먹었고,

채소와 과일, 치즈 소비는 2~3배 늘었다. 고기와 생선에 쓰는 지출도 2배 이상 증가했다.

제2차 세계대전 이후 농업 생산력은 비약적으로 증가했다. 예전에는 농업 생산량을 증가시키는 방법은 농지 확대밖에 없었지만, 제1차 세계대전 후에 화학비료가 생산되면서 농작물의 연작이 가능해져서 폭발적으로 증가하는 도시의 수요에 대응할 수 있었다. 또한 단백질 공급원인 육류와 어류 공급 방식도 변화해 육우나 닭을 대량으로 사육하게 되었고, 20세기 말에는 어류 양식도 급속히 진행되면서 이제 식탁은 인간이 만들어 낸 식품으로 가득 차게 되었다. 1920년대에 미국이 주도한 대량 생산과 대량 소비 문화는 20세기 후반에 전 세계로 퍼져 갔다. 미국에서 급속 냉동 기술이 개발되어 생선 냉동을 시작으로 채소와 과일까지 확대되었고, 1930년대에는 종이 상자에 넣은 냉동식품이 판매되면서 인스턴트 음식의 시대가 열렸다. 냉동 기술이 발달해 거의 모든 재료를 1년 넘게 보존할 수 있게 되자 신선한 상태로 냉동된 식자재가 전 세계로 운반되었고, 이와 같은 저온 유통망이 구축되자 마침내 음식이 넘쳐나는 시대가 되었다.

도시에서 바쁘게 살아가는 현대인들은 음식 준비에 많은 시간을 들일 수 없어서 간편한 음식을 원했고, 이에 인스턴트 음식과 레토르트 식품이 등장했다. 1889년에 미국에서 처음으로 등장한 인스턴트커피는 곧 전 세계에 빠르게 보급되었다. 군용 식량으로서 통조림의 단점을 개선한 레토르트 식품은 봉지를 이용하여 상온 유통이 가능하면서도 작고 가벼운 부피 덕분에 휴대가 간편했으며 전용 따개 없이 손으로 열어 봉지째로 가열할 수 있었다. 1970년대 이후에는 플라스틱 가공 기술이 발달하고 자동 포장기가 개발되면서 레토르트는 더욱 확대되었고, 전자레인지가 보급된 이후에는 간편식으로 더욱 인기를 끌었다. 1965년에 냉동, 냉장식품과 인스턴트식품의 시대에 안성맞춤인 음식 해동과 데우기 기능에 특화된 가정용 전자레인지가 출시되었고, 1980년대 이후 전자레인지 가격이 저렴해지고 전자레인지용 식품이 다양하게 보급되면서 가정의 필수품이 되었다. 식품 가공 기술도 나날이 발전해 인스턴트식품, 레토르트 식품, 통조림, 병조림, 진공포장 식품 등이 슈퍼마켓에 넘쳐나면서 각종 가공식품이 대량으로 가정의 식탁으로 들어왔고 요리 과정의 상당 부분은 식품 기업이 담당하는 것으로 바뀌었다.

이제 가정에서는 언제든지 냉장고에 보관된 음식을 꺼내 먹고, 누구나 전자레인지로 가공식품을 편리하게 조리해 간단히 식사할 수 있게 되면서, 음식 문화는 새롭게 변화했다. 다양한 가공식품의 등장으로 사람들은 혼자서도 자신의 입맛에 맞게 식사할 수 있게 되었다. 가족이 다 함께 식사하며 유대감을 확인하던 시간을 줄어들었고, 각자 편한 시간에 따로 식사하게 되면서 가정은 무너지고 사람들은 점차 고립되었다. 가족 중심의 부르주아 계급이 소중히 지켜온 가정요리의 전통

또한 차츰 사라져갔고, 냉장 및 냉동식품이나 즉석식품이 그 자리를 차지하면서 거의 차별화되지 않는 맛으로 표준화되어 버렸다. 이제 식사 장소나 분위기 혹은 식사의 내용보다는 신속성을 추구하고 저열량식과 비타민이나 무기질이 풍부한 요리를 선호하게 되었다. 음식이 넘쳐나면서 과거 궁핍에서 해방된 부와 권력을 상징하던 비만은 각종 성인병을 유발하는 공공의 적으로 치부되어 무능과 나태를 의미하게 되었고 고열량 음식과 달콤한 디저트의 유혹을 물리치고 음식을 절제하면서 날씬한 몸매를 유지하기를 열망하는 시대가 도래한 것이다.

절제와 가벼움의 미학, 누벨 퀴진

세계를 휩쓴 두 차례의 전쟁이 끝나고 평화와 안정이 안착한 1960년대가 되자 미식의 세계에도 변화가 생기기 시작했다. 물론 그 이전에도 조짐은 있었다. 1920년대의 '플라 유니크*Plat unique*' 운동은 화려한 장식과 푸짐한 양을 자랑하던 전통 미식을 비판하며, 한 접시에 담은 요리 하나로 식사를 마치자고 주장했다. 제1차 세계대전 이후의 프랑스 경제 사정을 반영한 시도였지만 큰 호응을 얻지는 못했다. 이후 제2차 세계대전까지 겪은 프랑스인들은 종전 후에 해방감을 만끽하며 과거에 맘껏 즐겼던 맛있는 음식을 꿈꾸었고 이를 의식한 신문이나 잡지에는 매일 미식 정보가 실렸으나 예전 그대로의 미식으로 돌아가자는 것은 아니었다. 1950~1960년대 프랑스 사회는 마르크스주의와 무정부주의적 사상이 팽배해서 기존의 사회 가치관과 권위에 맹렬한 공격을 가했고, 귀족이나 부르주아 계급을 차별화했던 사치라는 개념은 이제 비판의 대상이 되어 버렸다. 이런 배경에서 1960년대 말, 누벨 퀴진이라는 혁신이 시작된 것이다.

누벨 퀴진이라는 용어는 이미 17세기에 라 바렌이 『프랑스 요리사』에서 사용한 적이 있었는데, 그 후에도 여러 요리사가 혁신적인 요리를 내세울 때마다 종종 사용해 와서 완전히 새로운 용어는 아니었다. 20세기의 누벨 퀴진은 미식이 대중화된 시대인 1960년대에 『파리 프레스』의 음식 전문 기자인 앙리 고*Henri Gault*가 제2차 세계대전 이후에 프랑스 요리는 정체되었고, 미슐랭 체계는 요리의 혁신과 창조성을 방해하며 현 상태에 안주하도록 만든다고 지적하면서 시작되었다. 그는 프랑스식 요리 사조와 조리 전통은 거스를 수 없는 금과옥조가 되어 새로운 모험은 시도조차 할 수 없게 만들었다고 비판하면서, 미슐랭 별점을 받은 최고급 레스토랑의 요리보다 서민 식당의 투박한 요리를 높이 평가했다.

이런 평가가 나오게 된 배경에는 사회 변화도 한몫했다. 1920~1930년대 지역 요리의 성공으로 고급 호텔의 화려한 요리는 타격을 입었고, 값비싼 호텔 요리만이 프랑스의 미식을 대표하는 것은 아니라는 인식이 확산되었다. 또한 냉장 기술의 발달로 좋은 품질의 신선한 재료를 편리하게 사용할 수 있게 되자, 요리사들은 재료의 맛을 완전히 바꾸는 염장이나 양념 절임을 멀리하고 재료 자체의 맛을 중시하는 건강한 요리를 내놓을 수 있었다. 더불어 눈부신 경제성장의 주역으로 바쁜 하루를 살아가는 현대인은 간편한 식사를 원했고, 체형을 강조하는 패션이 유행하면서 포식을 꺼리고 절제된 식생활을 통해 날씬한 몸매를 유지하려는 욕망이 사회 전반을 지배하게 되었다.

이처럼 식이요법에 민감한 까다로운 고객을 만족시키기 위해, 누벨 퀴진은 지나치게 복잡하게 조리하지 않고 재료 본연의 맛을 최대한 살리는 데 집중했다. 조리 시간을 최소화하고 증기로 찌는 방식을 권장한 것도 그 때문이다. 또한 신선한 재료 자체의 맛을 느낄 수 있도록 강한 양념을 사용하거나 재료를 절이지 않고 육수나 국물의 양을 최대한 줄였다. 진한 소스 대신 신선한 허브와 버터, 레몬즙과 식초를 활용한 가벼운 양념을 사용했다. 전통적인 고전 요리보다는 지역 요리에서 창조적 영감을 얻었고, 전자레인지나 테프론 코팅 팬 같은 현대식 조리 도구도 적극 수용했다. 또한 큰 접시에 소량의 요리를 여백의 미를 살려 세심하게 배치하는 예술적인 플레이팅을 권장했다.

이러한 방식은 시중의 레스토랑에서 환영받았고, 이제 프랑스 요리사는 단순한 조리 기술자가 아니라 창조적인 예술가로 올라섰다. 이런 분위기 조성에 한몫한 것은 『미슐랭 가이드』와 대조적으로, 널리 알려지지 않았으나 훌륭한 요리를 선보이는 레스토랑을 주로 소개하는 미식 안내서 『고와 미요_Gault et Millau_』였다. 1972년에 고가 친구이자 요리 비평가인 미요_Christian Millau_와 함께 출간한 이 안내서가 지식인층의 지지를 받으며 누벨 퀴진은 사회적인 호응을 얻을 수 있었다. 이제 모든 손님에게 똑같은 요리를 제공하는 시대는 끝났고 요리사들은 카렘과 에스코피에의 고전 요리를 충실히 재현하기보다는 자기만의 창의적인 요리를 만들어 내기 시작했다. 누벨 퀴진의 영향으로 고기, 생선, 채소를 모두 작게 썰어 한입 크기로 만드는 것이 유행했고, 요리와 어울리는 포도주도 잔으로 제공했으며, '므뉘 데귀스타시옹*menu dégustation*'도 등장했다. 영어로는 '테이스팅 메뉴*tasting menu*'라고 불리는 이것은 요리사가 자신 있게 선보이는 요리들을 손님들이 모두 맛볼 수 있도록 적은 양의 요리를 순서대로 제공하는 것을 말한다.

그러나 누벨 퀴진의 인기는 오래가지 못했다. 누벨 퀴진은 혁신적이지만 과도하게 재료에 집착하고 음식의 예술적 배치에만 신경 쓰는 허세 가득한 요리라고 비판받게 되었다. 적은 양의 요리를 접시에 예쁘게 담아 비싸게 내놓으면 누벨 퀴진이라고 생각하는 요리사도 있을 정도로 지나치게 적은 양에 비해 고가의 가격도 문제가 되었다. 또한 버터와 소스 사용을 줄이고 가벼운 양념을 권고하다 보니 음식의 풍미가 떨어지는 것도 사실이었다. 누벨 퀴진이 세상에 알려진 지 10여 년이 흐른 후에 기본 이념은 계승하되 누벨 퀴진을 현대적으로 재해석한 요리인 '새로운 누벨 퀴진*nouvelle nouvelle cuisine*'이 나타난다. 조엘 로뷔송*Joël Robuchon*, 미셸 브라*Michel Bras*, 피에르 가네르*Pierre Gagnaire*, 알랭 뒤카스*Alain Ducasse* 등 현대 프랑스 요리계의 거장들이 대거 등장하면서 누벨 퀴진은 새로운 누벨 퀴진으로 발전하면서, 요리사에 따라 다양한 형태로 표현되고 있다.

또한 1980년대 이후에는 프랑스의 유명 요리사들이 미국과 일본을 비롯한 세계 곳곳으로 초청받아 프랑스 요리를 전파하면서 그 명성을 드높였고, 21세기가 되면서 미식은 나라별로 독창적이고 다양하게 표현된다. 더불어 미디어와 소셜네트워크서비스의 비약적인 발달은 미식의 대중화에 크게 기여했다. 각종 요리 경연대회가 개최되고 이 모습이 다양한 매체를 통해 알려지면서 이른바 '스타 요리사'도 등장하게 되었다. 방송사마다 경쟁적으로 요리 관련 프로그램을 제작하면서 요리 자체에 대한 대중의 관심이 더욱 고조되고 있다. 지금 21세기 초의 세계는 각종 SNS를 통해 전문 요리사는 물론이고 일반인들까지도 나만의 비법 요리를 당당히 선보이는 세상이 되었다.

테루아로 지킨 프랑스 미식 유산

전 세계에서 다양한 식자재가 물밀듯이 들어오는 세계화 시대에 프랑스 요리의 프랑스다움을 지키는 방법은 무엇일까? 프랑스인들은 프랑스 요리의 탁월함은 프랑스 땅에서 나는 우수한 생산물과 이를 재배하고 가공하는 프랑스인의 전통 기술에서 비롯된다고 믿는다. 이를 '테루아*terroir*'라고 부르는데, 이 단어는 프랑스어로 땅이나 대지를 뜻하는 terre에서 파생되었으나 세계 어느 나라 언어로도 번역되기 어려운 프랑스어 고유의 개념이다. 여기에는 단순한 지리적 경계로서의 토지나 영토가 아니라, 자연환경과 역사, 생활 방식이 축적된 문화적 의미를 함께 담고 있다.

포도주를 예로 들어보자. 특정 지역의 포도주가 다른 지역의 포도주와 질적으로 구별되는 것은 이 포도주의 품질이 토양, 일조량, 강수량 등의 자연적 요인뿐 아니라, 이 포도주를 생산하는 지역민들이 전통적으로 유지하고 전수해 온 포도 재배 기술과 포도주 제조 방식이 있기 때문이다. 그러므로 테루아의 표시는 포도를 재배하고 포도주를 빚어 낸 제조 장인의 서명과 다름없다고 할 수 있다.

프랑스인이 유독 테루아를 강조하는 데에는 몇 가지 이유가 있다. 우선 프랑스는 유럽에서 가장 비옥한 영토를 가진 농업 국가로, 남부와 북부, 내륙이 확연히 구분되는 기후와 지형 덕분에 매우 다양한 농산물을 생산해 왔으며 현재에도 농업 비중이 상당한 나라다. 역사적으로도 중세에 지역 수도원을 중심으로 고품질의 포도주가 생산되면서 생산지와 사회적 명성을 연결하는 관습이 자리 잡았고, 이후 식료품 상인들까지 지역명을 판매 촉진을 위해 판매 전략으로 활용하면서 '지역과 품질은 연관된다'는 인식이 널리 퍼졌다. 이런 과정을 거치며 테루아는 프랑스인의 사고방식 속에 깊이 각인되었다.

이러한 인식은 프랑스 요리 전체로도 확대되는데, 프랑스인들은 프랑스 요리의 차별성이 천혜의 토양과 기후에서 생산된 신선한 식자재와 조상들로부터 전수된 요리 기술, 그리고 이를 훌륭하게 재현하는 요리사들의 정교한 요리 솜씨, 요리와 멋들어지게 어울리는 프랑스 포도주의 환상적인 궁합에서 나온다고 생각했다. 이와 같은 가치관은 프랑스 국민의 정체성을 공고히 만들어 주는 역할을 한다. 요컨대 프랑스의 전통 요리는 식탁에서 날마다 프랑스인의 공동체 의식을 구현하고, 해외에서 프랑스 미식은 세계 최고라는 위상을 탄탄하게 구축하고

있는 문화자산이면서 획일화로 내모는 세계화에 대한 프랑스다운 반
작용 현상으로 이해된다. 그래서 프랑스의 미식은 테루아에 기반을 둔
정성이 깃든 건강한 음식이라는 상징성을 갖게 되고, 이러한 긍정적
지표는 프랑스의 토양과 지명을 부각하고, 건강하고 균형 잡힌 삶의
근원인 미식이 예술의 경지로 나아가는 데 이바지했다.

　　1855년에 개최된 만국박람회를 기회로 삼아 보르도 포도주의 분류
법을 공식적으로 제정한 것처럼 상품의 질적 차이를 등급화하는 시도
가 없었던 것은 아니지만, 프랑스가 공식적으로 테루아를 법제화하려
고 한 결과물은 원산지 명칭 통제인 AOC*Appellation d'Origine Contrôlée* 제도이다.
AOC 제도는 1905년에 제품이나 서비스에 관한 사기와 상품의 허위
표기 방지를 위해 모든 상품의 특성, 종, 원산지, 품질, 구성이나 내용
을 명시하도록 했으며 1919년에는 이를 관리 감독할 행정법원을 설립
했다. 프랑스 포도주를 보호하기 위한 AOC 제도는 제1차 세계대전으
로 국가적 위기에 처한 상황에서, 음식만큼은 프랑스의 우수성을 지켜
국민적 자존감과 자부심을 유지하려는 시도였다. 또한 이는 두 차례
세계대전으로 프랑스가 주춤한 사이 알제리의 포도밭은 3배로 늘었고
프랑스 국내 소비량은 감소한 상황에서 프랑스의 포도주의 품질과 가
격을 유지하기 위해서 국내 포도주 생산량을 규제하는 방식으로 가격
이 저렴한 외국산 포도주의 침공에 대응하려는 실질적인 정책이기도
했다. 1935년에 국립 원산지 및 품질 기구*INAO*의 전신인 국립 원산지

명칭 기구를 설립해, 포도주의 지리적 지정 구역을 단속하고 생산 구역, 포도 품종, 단위 면적당 생산량, 제조 방식에 관한 사항들을 통제했다. 이처럼 AOC 제도는 지리적으로 동일한 지역에서 전통적으로 인정된 기술로 생산된 제품에 명칭과 특성을 부여해 지리적 원산지를 홍보하고 제품의 우수성을 강조하는 방법이었다.

AOC 제도는 치즈가 산업화하면서 위기에 봉착한 프랑스 장인들의 수제 치즈를 보호하기 위해 치즈에도 확대 적용되었다. 프랑스 치즈 산업은 두 가지 방식으로 발전했다. 지방마다 고유의 방식으로 제조되는 수제 치즈들은 전통을 고수하며 명맥을 이어 나갔고, 대규모 산업 생산용으로 적합한 브리, 카망베르, 그뤼에르와 같은 치즈들은 저온 살균 처리되어 전 세계로 유통되면서 국제적인 명성을 얻었다. 또한 탄생 배경, 지역적 특색, 제조 과정에 연관된 일화 등 치즈에 얽힌 이야기를 전파하면서 제품의 가치를 높이는 스토리텔링 기법으로 프랑스 치즈의 전문성과 섬세함을 강조하면서 세계 최고의 프랑스 치즈가 정통이라고 광고하는 전략도 병행했다. 퀴르농스키는 1934년에 〈프랑스, 치즈의 천국_La France, paradis des fromages_〉이라는 글을 발표했는데, 거기에는 장인들의 수제 치즈 발생지가 표시된 지도가 실려 있었고, 여러 지방의 수제 치즈들이 AOC 인증을 받았다.

테루아의 개념이 다시 주목받은 것은 관세 무역 일반 협정_GATT_의 농산물 협상 과정에서였다. 프랑스 정부는 단일 품질의 대규모 농업생산물을 전 세계에 유통하려는 신자유주의 농업 정책에 대항해 다양한 품질의 상품을 생산하는 소규모 생산자를 보호하려는 목적으로 테루아를 내세웠다. 1990년에 AOC는 프랑스의 모든 식료품으로 확대되었으며, 1992년에는 유럽 차원에서 포도주를 제외한 전 식품에 대한 원산지 명칭 보호 제도가 구축되었고 2009년에는 포도주도 포함되었다. 이제 AOC 인증은 식품이 생활필수품을 넘어선 문화 상품임을 증명하는 상징이 되었고, AOC와 INAO는 프랑스 요리의 탁월함이라는 개념을 국가가 앞장서 합법화하고 전 세계에 프랑스 미식을 각인시키며 경제적 파급 효과를 창출하는 데 중요한 역할을 했다. 더불어 프랑스는 이 제도 덕분에 대량 생산과 공급을 추진하는 농업의 세계화 시대에 최고의 미식을 위한 최상급 농작물 생산지라는 지위를 유지할 수 있게 되었다.

프랑스 정부는 세계화로 획일화되는 음식의 위협에 맞서 프랑스 요리의 위상을 지키기 위해 총력을 기울이고 있다. 1980~1990년대에 미테랑 대통령 정부의 문화부 장관이었던 자크 랑은 미국의 문화 제국주의에 맞서 프랑스의 창조적 문화 활동을 장려하면서 요리와 패션 산업 발전을 적극적으로 후원했다. 1980년대에 국립 요리 예술센터에서 요리 유산 목록을 작성하기 시작했고, 1990년에는 '맛 주간*semaine de goût*' 행사가 시작되었다. 다양한 요리 강좌와 미식 체험 행사, 지역 특산물 홍보 등을 통해 프랑스의 식문화와 다채로운 식자재를 경험하도록 했으며, 미각 교육을 학교의 정식 과목으로 채택해 어린이들이 어려서부터 음식을 올바르게 이해하고 미각을 발달시킬 수 있도록 각양각색의 음식을 직접 오감으로 체험할 수 있게 했다. 여기에는 즉석식품이 넘쳐나서 포장만 뜯어 전자레인지에 데워 먹는 식사가 일상이 된 시대에, 테루아로 상징되는 프랑스의 정체성은 식재료를 알아가고 맛을 배우는 과정을 통해 전승될 수 있다는 생각이 깔려 있다. 어려서부터 다양한 음식을 경험하면 기억 속 어딘가에 저장되어 있다가 언제든지 떠올라 좋은 음식을 사랑하고 함께 대화하는 프랑스다운 즐거움을 추구하게 된다는 것이다.

패스트푸드의 공습에 맞서 프랑스 요리를 지키려는 행동은 정부 정책에 국한되지 않았다. 농민운동가 보베*José Bové*는 1980년대에 유전자변형식품에 저항하는 활동을 했고, 1999년에 공사 중이던 맥도날드 매장을 농민들과 함께 습격하고 기물을 파괴해 국제적으로 큰 반향을 일으켰다. 그는 프랑스의 농업과 고유문화를 지키기 위한 저항의 의미로 세계화의 상징인 맥도날드를 파괴했다고 주장했다. 보베는 자신의 목장에서 생산된 로크포르 치즈를 산업적으로 생산된 정크푸드의 침범에 맞서 보호할 가치가 있는 농업 프랑스의 상징으로 내세웠고, 세계무역기구에 맞서고 유전자변형식품에 반대하는 그의 행동은 대중의 이목을 끌었다.

그러나 프랑스도 세계적 추세인 패스트푸드를 거스를 수는 없었다.

하지만 1999년의 사건 이후에 맥도날드는 매장을 카페 문화를 즐기는 프랑스인들의 취향에 맞게 꾸미고 프랑스의 지역 생산물을 사용하며 취업 기회를 제공하는 전략을 펴 프랑스에 뿌리를 내릴 수 있었다. 프랑스인들은 획일성의 상징인 패스트푸드가 테루아를 중시하는 프랑스의 요리 문화와 충돌할 수밖에 없다고 생각하는데, 프랑스어로 정크푸드를 뜻하는 '말 부프*malbouffe*'가 종종 패스트푸드도 가리킨다는 사실은 패스트푸드에 대한 프랑스 사회의 시각을 말해준다.

프랑스의 미식 문화에는 음식뿐 아니라 관련 건축물, 생산지, 풍경 등의 주변 요소도 포함된다는 것이 프랑스인의 생각이다. 그래서 프랑스는 1962년에 최초의 카페인 파리 〈르 프로코프*Le Procope*〉를 프랑스의 역사적 기념물로 등록했고, 1970~1980년대에는 여러 곳의 카페들이 문화유산으로 분류되었으며, 1986년에는 19세기에 지어진 므니에 초콜릿 공장이 산업 유산이자 역사적 기념물이 되었다. 경관 역시 중요한 유산적 가치를 지니는데, 세계적인 보르도 포도주 생산지인 생테밀리옹*Saint-Émilion* 지역 8개 마을의 포도밭은 문화경관으로서는 처음으로 1999년에 유네스코 세계유산에 등재되었다.

21세기 초에 프랑스 정부의 미식 문화 홍보 전략은 한층 적극적으로 나아갔다. 2008년 2월에 사르코지 대통령은 프랑스 미식 문화의 유네스코 인류무형문화유산 등재 의지를 밝혔다. 이는 프랑스 요리가 우월하다고 주장하려는 것이 아니라, 미식이 특정 계층의 전유물이 아닌 프랑스 사회 전반에 공유되는 대중적인 문화이고 프랑스 공동체의 삶을 가장 잘 설명하는 사회 문화적 현상이며, 프랑스 요리가 자국의 문화유산임을 강조하려는 것이었다.

프랑스는 미식 문화를 유네스코 인류무형문화유산에 등재하기 위해 학술과 제도 차원의 연구를 강화해 왔다. 음식 문화에 관한 연구를 목적으로 2001년에 투르에 설립된 유럽 음식 역사 및 문화 연구소*IEHCA*에서는 프랑스 요리와 미식 유산의 유네스코 인류무형문화유산 등재 방안에 대한 연구 과제를 진행했고, 사르코지 대통령의 연설 이후에는 유산과 음식 문화를 위한 프랑스 대표부(MFPCA)가 설립되어 각계각층의 의견을 수렴해 유산 등재를 적극적으로 추진했다. 이러한 과정을 거쳐 2010년에 프랑스 미식 문화는 "단체나 개인의 일생에서 중요한 순간, 즉 출생, 결혼, 생일, 기념일, 성공, 재회 등의 순간을 축하하기 위한 사회적 관습"으로 유네스코 인류무형문화유산에 등재되었다.

이를 계기로 프랑스는 '미식 도시망*Réseau des cités de la gastronomie*'을 구상하고 2013년에 디종, 리옹, 파리-헝지스*Paris-Rungis*, 투르를 선정해 차별화된 주제로 각 도시의 정체성을 강화하면서도 역동적이고 구조화된 네트워크를 통해 서로의 발전을 도모하는 프로젝트를 실시하고 있다. 이 4개의 미식 도시는 음식을 매개로 각종 교육 및 식문화 홍보와 관광 및 경제 활성화를 목표로 다방면의 문화 교류를 기획하고 있다. 투르의 유럽 음식 역사 및 문화 연구소는 여러 연구와 교육을 주도하고 있으며, 리옹과 디종은 2019년과 2022년에 복합문화공간인 '미식 국제 도시*Cité international de la gastronomie*'을 개관해 각종 행사를 주최하고 있다. 파리-형지스에는 2027년에 파리 지역의 농산물 유통센터와 신선 농산물 시장을 합친 미래의 미식 도시가 완공될 예정이다.

또한 프랑스 외교부는 2015년에 요리사인 알랭 뒤카스*Alain Ducasse*의 제안으로 미식 문화 홍보를 위한 세계적인 프로젝트를 추진했는데, 바로 '프랑스의 맛*Goût de France-Good France*'이라는 행사이다. 이 행사는 1912년에 에스코피에가 같은 날에 동일한 메뉴를 전 세계 여러 지역에서 수많은 손님에게 대접한 '에피쿠로스 저녁*les dîners d'Épicure*'이라는 행사에서 영감을 받아 시행되는 것으로, 프랑스의 음식 문화와 요리사, 식자재의 우수성을 전 세계에 알리는 공공외교의 일환으로 기획되었다. 매년 전 세계 150여 나라의 프랑스 대사관과 현지 레스토랑들이 이 행사에 참여하고 있다. 위원회는 음식 순서와 주제를 정해주고 각 레스토랑의 요리사는 이에 맞춰 요리한 음식을 손님들에게 제공하게 된다.

여기에 참가 신청을 하려면 창의적인 프랑스식 코스 메뉴를 함께 등록해야 하는데, 이때 메뉴는 전통적인 프랑스산 식전주(아페리티프), 차가운 앙트레, 뜨거운 앙트레, 생선이나 해산물 요리, 육류나 가금류 요리, 한 가지 이상의 프랑스산 치즈, 초콜릿류의 디저트, 프랑스산 식후주(디제스티프), 코스에 어울리는 프랑스산 포도주로 구성된 전통적인 프랑스식 요리를 구상해야 한다. 심사를 거쳐 선정된 레스토랑에

행사 참가 자격이 부여되고, 선발된 레스토랑들은 3월 20일을 전후로 정해진 날짜에 요리를 판매하게 된다. 우리나라에서는 첫 번째 행사에 서울과 부산의 레스토랑 여섯 군데가 참여했으며, '프랑스 미식의 해'로 지정된 2019년에는 서울, 부산, 대구, 광주 등의 31개의 레스토랑이 함께했다.

이처럼 프랑스는 프랑스 음식 문화에 대한 긍정적이고 호의적인 시각을 전파하기 위해 각종 정책을 적극적으로 시행해 왔고 현재도 진행 중이며 앞으로도 추진할 것이다. 그러니 21세기에도 여전히 프랑스 미식 문화는 프랑스 정체성의 상징으로 굳건히 그 자리를 지켜나갈 것이라고 기대한다.

책을 마치며

지금까지 우리는 갈리아 시대부터 현재까지 프랑스 음식 문화가 어떤 과정을 거치며 변화해 왔고, 프랑스 음식이 어떻게 세계 최고의 미식이라는 평가를 받으며 프랑스의 정체성을 상징하는 표상으로 인식될 수 있었는지 살펴보았다. 프랑스 미식이 세계적인 평가를 받을 수 있는 배경에는 테루아에 기반한 자국의 음식 문화에 대한 프랑스인의 믿음과 자부심, 세계 최고의 요리를 만들어 내는 요리사들의 장인 정신, 그리고 각종 정책으로 이를 뒷받침하려는 정부의 노력이 있었다. 현재도 프랑스는 유네스코 인류무형문화유산 등재를 계기로 시시각각 변화하는 시대에 자국의 미식 문화를 세계에 널리 알리고 프랑스 음식에 대한 긍정적이고 호의적인 반응을 끌어내기 위해 전략적이고 제도적인 방안을 끊임없이 연구하고 있다.

그런데 얼마 전 프랑스 미식 문화가 전례 없이 큰 위기에 봉착한 때가 있었다. 바로 2019년 말부터 전 세계를 강타한 코로나 팬데믹 때문이었다. 물론 이는 프랑스에만 해당하는 위기는 아니었고, 세계인 모두가 사회적 관계를 자제하고 공공장소에서의 음식물 섭취를 금지하며 평상시에도 손을 소독하고 마스크를 쓰면서 이른바 '사회적 거리 두기'를 지키며 살아야만 했다. 코로나 팬데믹 시대를 겪은 우리는 그 이전까지 평범한 일상이었던 생활이 한순간 금기시되는 경험을 해야만 했고, 그중에는 가족이나 지인과 카페나 레스토랑에서 함께 담소를 나누며 음식을 즐기는 행복한 시간을 포기해야 한다는 조항도 들어있었다.

이 시기를 거치며 우리의 삶은 많은 것들이 바뀌었다. 우선 집안에서 생활하는 시간이 길어지면서 온라인 문화가 비약적으로 발전했고, 기존의 인스턴트나 레토르트 식품이 질릴 무렵에는 밀키트라 불리는 반가공 식품도 등장했으며, 무엇보다 전 세계적으로 음식을 배달해서 먹는 방식이 더욱 발전하고 일상화되었다. 반면 정부 방침에 따라 매장을 폐쇄해야 했던 가게나 사업체를 경영하던 소상공인들은 파산 직전에 몰렸고, 이것은 전 세계가 공통으로 직면한 불행이었다. 미식의 나라 프랑스도 예외가 될 수는 없었다. 오히려 카페나 레스토랑에서의 외식 문화가 일상인 그들에게 이 시간은 사회·경제적으로 유례없는 고통이었다. 이를 의식한 마크롱 대통령은 성급하게 식당 봉쇄령을 해제했으나 코로나 환자가 급증하는 결과를 낳고 말았다. 재봉쇄 조치가 강제된 프랑스에서 소수의 고객을 대상으로 하는 미슐랭 스타 레스토랑의 경영난은 점점 더 심각해졌고, 이제 외식업체들은 다른 대책을 세워야만 했다.

모든 나라에서 배달업체들이 호황을 누렸고, 비대면 주문과 배달이 장려되면서 더욱 편리한 주문과 배달을 위한 애플리케이션이 속속 개발되었다. 배달 문화가 일상이 되자 예전과 달라진 것도 있었는데, 평소에는 경험하기 힘들었던 미슐랭 스타 레스토랑이 경영난 타개를 위해 배달 사업에 뛰어든 것이다. 이 시기 프랑스에서는 전국적으로 50여 개의 미슐랭 레스토랑이 배달을 시작했고, 직접 푸드 트럭을 운영하는 미슐랭 스타 요리사도 등장했다. 사실 그 이전까지 배달 음식은 맛도 영양가도 없이 배만 채우는 싸구려 음식이라는 혹평을 받았지만, 코로나 팬데믹을 기점으로 고급 음식점들까지 배달에 가세하면서 음식의 질이 전반적으로 향상되었고, 음식의 맛과 품질을 유지하기 위해 조리 방법과 용기 개발도 가속화되어 포장 방식도 개선되었다. 또한 이 방식은 평소에는 먹기 힘든 미슐랭 스타 레스토랑의 음식을 비교적 저렴하게 맛볼 좋은 기회가 되어 주었다. 알랭 뒤카스의 미슐랭 3스타 레스토랑에서 점심 코스를 먹기 위해서는 최소 210유로가 필요했지만, 전화나 인터넷으로 주문하면 앙트레, 본식, 디저트를 훨씬 저렴한 가격에 각각 따로 주문할 수 있었다. 알랭 뒤카스가 운영하는 여러 레스토랑에서 각기 다른 음식을 주문할 수도 있어 일종의 작은 사치를 누리는 기회가 되었다. 미식의 나라 프랑스다운 위기 타파 전략이었다. 이는 여러 나라의 모범사례가 되었고, 우리나라에서도 고급스러운 포장에 담긴 호텔 뷔페 메뉴나 백화점 식당가, 미슐랭 스타 레스토랑의 요리 등 최고급 음식들을 집에서 편안히 맛볼 수 있었다.

코로나 팬데믹이 막을 내린 후 우리는 일상의 소중함을 절감하며 예전 생활로 서서히 복귀했지만, 코로나 시대를 거치면서 새로운 문화로 굳어진 것들도 생겼다. 배달 문화가 완전히 자리 잡으며 배달 전문 식당들이 늘어났고, SNS의 영향력이 확대되면서 음식도 맛은 물론 시선을 사로잡는 '인스타그래머블*instagrammable*', 즉 인스타그램에 올릴 만한 상품이 중요해졌다. 이런 관점에서 맛은 물론 시각적인 음식 배치를 중시하는 예술적인 프랑스 요리는 시대에 걸맞은 요건을 갖췄다고 할 수 있다.

한편 코로나를 겪으면서 전 세계인들은 건강에 더욱 관심을 기울이기 시작했다. 세계 각지의 언론을 통해 코로나로 인한 사망자 수가 연일 보도되는 상황에서 이전에 간편식으로 간단히 끼니를 때우던 사람들도 집에 있는 시간이 많아지고 외식 대신 가정식을 먹게 되면서 오히려 건강한 재료로 만든 전통식을 선호하게 되었다. 수입 농산물 공급이 불확실해지고 건강한 음식에 관한 관심이 높아지면서 신선하고 안전한 지역 농산물이 주목받기 시작했고, 직접 슈퍼마켓이나 시장에서 구매하는 대신 온라인 쇼핑으로 신선식품을 사들이는 비율이 올라

가면서 유기농 식품과 지역 우수 농산물을 선별해서 배송해 주는 쇼핑몰도 연이어 등장했다. 우리나라에서는 생산자와 소비자 모두에게 이득이 되도록 농산물 생산자와 소비자를 직접 연결하는 직거래 쇼핑몰과 지역 농산물 직판장이 여러 군데 생겨났다. 이처럼 코로나를 겪고 지구 온난화의 영향을 절감하는 21세기 초의 세계는 환경, 윤리, 건강을 중시하면서 '지속 가능한 맛을 재발견'하는 시대이니, 테루아를 존중하는 프랑스의 요리에 세계인이 또다시 새로운 매력을 느낄 여지는 충분해 보인다.

또한 코로나 팬데믹으로 잠겼던 빗장이 풀리면서 전 세계적으로 여행 수요가 급등했고, 재택근무 활성화로 시간을 자유롭게 활용할 수 있는 인구가 늘면서 관광객 폭등으로 인한 과잉 관광을 염려할 지경에 이르렀다. 이런 상황에서 여행을 즐기면서 프랑스 향토 음식을 맛볼 수 있도록 프랑스 관광청이 야심 차게 내놓은 '발레 드 라 가스트로노미*Vallée de la gastronomie*[26]'와 같은 프로그램은 변화하는 시대와 젊은 세대에도 프랑스 음식에 대한 호의적인 평가가 계속될 수 있도록 하는 방안

26) 부르고뉴, 오베르뉴론알프, 프로방스알프코트다쥐르 세 지방이 합심해 만든 '발레 드 라 가스트로노미'는 이 지역들의 19개 주요 도시를 아우르는 여행으로, 여행 전문 기자와 업계 종사자, 일반인 등 20명으로 구성된 심사위원들의 평가를 거쳐 업체를 선정하고, 디종에서 시작해 리옹을 거쳐 마르세유까지 이어지는 444개의 미식 거점을 방문할 수 있는 미식 여행 프로그램이다. 지역 면적이 7만5591㎢, 미식 거점들을 연결하면 640㎞에 달하기 때문에 여러 번 여행해도 일정과 지역에 따라 늘 새로운 미식 경험을 할 수 있다는 것이 최대 장점이다.

이 될 것이다.

　유행하는 음식을 실시간으로 전 세계에 공유하고 확산시키는 소셜 미디어 네트워크에 힘입어 세계 각지의 이국적인 음식은 훨씬 쉽게 우리에게 다가왔고, 각 나라 고유의 음식 재료들이 창의적으로 활용되어 새로운 요리를 탄생시키기도 했다. 예를 들어, 우리나라의 대표적인 발효식품인 된장과 고추장, 쌈장이 서양 요리의 소스로 응용되고, 프랑스 치즈나 버터를 활용한 불고기나 김치볶음밥, 떡이나 약과 같은 한식 디저트도 선보이고 있다. 때로는 과도하게 변형시켜 국적 불명의 희한한 음식이라는 쓴소리를 듣는 요리도 등장하지만, 이런 과정을 거치면서 현지화된 독창적인 요리가 탄생하는 기회로 발전할 수도 있는 것이다.

　패스트푸드와 간편식이 세계의 식탁을 잠식하고 있는 지금도 세계 각지의 선별된 재료를 응용해 건강한 요리를 만들려고 노력하면서 새로운 요리의 장을 여는 선구자들이 있다. 적어도 21세기 초의 세계는 햄버거로 대표되는 패스트푸드와 산지의 농산물로 정성스럽게 빚어낸 건강한 향토 요리가 공존하는 시대일 것이고, 그래서 이것이 우리 시대를 특징짓는 음식 문화로 자리 잡을 수 있을 것이다. 그러니 음식을 매개로 가족과 지인 간의 유대감과 화합의 장을 만들어 가는 프랑스의 미식 문화는 프랑스 국민에게 프랑스다움을 상징하는 마음속 고향 같은 이미지로 영원히 남아 있을 것이다. 바쁜 일상에서는 햄버거로 간단히 식사하더라도 가족의 중요한 모임에는 어김없이 집에서 공들여

준비한 프랑스의 전통식이 그들의 식탁을 채우게 될 것이기 때문이다. 평상시에는 라면과 파스타, 햄버거와 치킨을 즐기는 우리 한국인들이 민족 고유의 명절에는 으레 한식 밥상을 차리면서 가족 간의 유대를 다지고 있는 것처럼.

김복래,『미식인문학』, 헬스레터, 2022

김재규,『유혹하는 유럽 도자기』, 한길아트, 2000

노르베르트 엘리아스, 박미애 옮김,『문명화과정 I』, 한길사, 1996

데이브 드윗, 김지선 옮김,『다빈치의 부엌』, 빅하우스, 2012

래이 태너힐, 손경희 옮김,『음식의 역사』, 우물이 있는 집, 2006

로이 스트롱, 강주헌 옮김,『권력자들의 만찬』, 넥서스북스, 2005

린다 시비텔로, 최정희, 이영미, 김소영 옮김.『음식에 담긴 문화, 요리에 담긴 역사』, 대가, 2011

마리아 테벤, 전경훈 옮김,『프랑스의 음식문화사』, 니케북스, 2023

맛시모 몬타나리, 주경철 옮김,『유럽의 음식문화』, 새물결, 2001

박선희, 〈지리적 표시 보호를 위한 프랑스의 역할〉,『문화와 정치』제7권 제4호, 2020

박윤덕 외,『서양사 강좌』, 2022, 아카넷

박윤덕, 〈18세기 프랑스 서민의 빵과 일상〉,『세계역사와 문화연구』제69집, 2023

박지은, 〈프랑스 미식 문화의 사례를 통해 본 음식 문화의 유산화와 활용 및 가치증진에 관한 연구〉,『문화재-헤리티지:역사와 과학』제55권 제4호, 국립문화유산연구원, 2022

비 윌슨, 김명남 옮김,『포크를 생각하다-식탁의 역사』, 까치, 2013

심현, 〈문화현상으로서의 19세기 프랑스 요리〉,『프랑스문화연구』제39집, 20182

심현, 〈식사 에티켓의 필요성과 정착-그리모의 *Le Manuel des Amphitryons*을 중심으로〉,『프랑스문화연구』제49집, 2021

심현, 〈'위대한 세기'의 오트 퀴진:프랑스식 요리의 시작〉,『프랑스문화연구』제40집, 2019

심현, 〈프랑스 요리의 정체성-오트퀴진과 미식〉,『프랑스문화연구』제57집, 2023

쓰지하라 야스오, 이정환 옮김,『음식, 그 상식을 뒤엎는 역사』, 창해, 2002

아리 투투넨 & 마르쿠스 파르타넨 지음, 이지윤 옮김,『매너의 문화사』, 지식너머, 2006

염재상, 박수현,『프랑스 음식문화 이야기』, 창원대학교 출판부, 2023

윤선자,『이야기 프랑스사』, 청아출판사, 2020

이언 모티머 지음, 김부민 옮김,『변화의 세기』, 현암사, 2014

이영림, 주경철, 최갑수,『근대 유럽의 형성 16~18세기』, 까치, 2011

이채영, 〈'가스트로노미'의 의미 연구:조제프 베르슈와 브리야사바랭의 텍스트를 중심으로〉,
　　　　『프랑스문화연구』제37집, 2018

이필은, 〈중세 초기 기독교 금식에 대한 조망〉,『현상과 인식』2014 봄, 여름

이홍, 〈19세기 프랑스 식도락 문화의 발전:러시아식 테이블 서비스의 도입에 관하여〉,『프랑
　　　　스문화연구』제36집, 2018

자크 아탈리, 권지민 옮김,『음식의 역사』, 따비, 2024

정기문, 〈음식문화에 투영된 중세의 사유 구조〉,『서양사연구』제50집, 2014

조경숙, 이미혜, 〈동서양 취식 도구 문화에 대한 고찰〉,『한국조리학회지』제9권 제1호,
　　　　2003

케이티 로손, 엘리엇 쇼어, 박선영 역,『레스토랑의 세계사』, 커넥팅, 2023.

파트릭 랑부르, 김옥진, 박유형 옮김,『프랑스 미식과 요리의 역사』, 경북대학교 출판부,
　　　　2017

페르낭 브로델, 주경철 옮김,『물질문명과 자본주의 1-일상생활의 구조』, 까치, 2024

폴 프리드먼 엮음, 주민아 옮김.『미각의 역사』, 21세기 북스, 2009

플로랑 켈리에, 박나리 옮김,『제7대 죄악, 탐식』, 도서출판 예경, 2011

헨리 페트로스키, 백이호 옮김,『포크는 왜 네 갈퀴를 달게 되었나』, 김영사, 2014

François Sabban, 〈Companage et banquet : les menus de la France d'Ancien
　　　　Régime〉, *Revue japonaise de didactique du français*, vol. 2, n.2, 2006

Ivan Day, *Cooking in Europe 1650~1850*, Greenwood Press, 2009

Jean-Louis Flandrin & Massimo Montanari ed. *Food-a culinary history from antiquity
　　　　to the present*, Columbia University Press, 1999

Jean-Louis Flandrin, *L'ordre des mets*, Odile Jacob, 2002

Margaret Visser, *The ritual of dinner*, Harper Collins, 1991

Paul Ariès, *Une histoire politique de l'alimentation*, Max Milo, 2017

이미지 출처

< Chapter 1 >

갈리아 지도
Gaul in the time of Caesar, 1886
Gustav Droysen
National Library of Poland (Polona Digital Library) Wikimedia Commons, Public Domain

랭스 주교 성 레미지오에게 세례받는 클로비스 1세
Master of Saint Giles, c.1500 The Baptism of Clovis
National Gallery of Art, Washington, D.C. Image: Wikimedia Commons (Public Domain)

< Chapter 2 >

비버 꼬리를 물고기로 표현한 중세 그림
Beaver with fishtail, c.1480
Livre des simples médecines Bibliothèque nationale de France Wikimedia Commons, Public Domain

존재의 대사슬을 표현한 그림
Didacus Valades, Great Chain of Being (1579)
From Rhetorica Christiana
Public Domain, via Wikimedia Commons

베케라르 4원소 물
Joachim Beuckelaer

The Four Elements: Water, 1569
Oil on canvas
Public Domain

베케라르 4원소 공기
Joachim Beuckelaer
The Four Elements: Air, 1570
Oil on canvas
Public Domain

베케라르 4원소 흙
Joachim Beuckelaer
The Four Elements: Earth, 1569
Oil on canvas
Public Domain

베케라르 4원소 불
Joachim Beuckelaer,
The Four Elements: Fire, 1570
Oil on canvas, National Gallery
Public Domain

공작 투르트가 있는 정물
Pieter Claesz, Still Life with a Peacock Pie, 1627. Oil on panel.
National Gallery of Art, Washington, D.C.
Public domain. Image courtesy of Wikimedia Commons.

농가 방문
Jan Brueghel the Elder, Visit to the Tenants, c.1597, Oil on copper, Kunsthistorisches
Museum, Vienna. Public Domain.
Source: Wikimedia Commons.

샤를 5세의 앙트르메
Illustration from Grandes Chroniques, 14th – 15th century
Bibliothèque nationale de France, Paris
Public Domain.

Image via Wikimedia Commons.

15세기 중세의 연회
Anonymous, 15th century
Banquet du paon
Miniature from Le Livre des conquêtes et faits d'Alexandre
Paris, musée du Petit-Palais, folio 86 recto
Source: Wikimedia Commons
Public Domain

1500년대의 네프
Unknown artist, late 16th century
Nef (parcel-gilt silver), Ulm, Germany
Peabody Essex Museum, Salem, Massachusetts
Photo by Daderot
Wikimedia Commons (CC0 / Public Domain)

콩 먹는 사람
Annibale Carracci
Il mangiafagioli (The Bean Eater), 1584 – 1585
Oil on panel
Palazzo Colonna, Rome
Public Domain (via Wikimedia Commons)

코케뉴의 땅
Pieter Bruegel the Elder (1526/30 – 1569)
The Land of Cockaigne (1567) Alte Pinakothek, Munich
Public Domain (Wikimedia Commons)

<Chapter 3>

새끼 돼지 통구이 그림
Giuseppe Arcimboldo (1527 – 1593) The Cook, c.1570
Oil on panel Nationalmuseum, Stockholm Public Domain
Source: Wikimedia Commons

아티초크가 있는 정물
Osias Beert
Still Life with Artichoke, c. 1598 - 1623
Oil on panel
Musée de Grenoble
Public Domain (via Wikimedia Commons)

치즈, 아티초크, 체리가 있는 정물
Clara Peeters
Still Life with Cheeses, Artichoke, and Cherries, c.1625
Oil on panel
Los Angeles County Museum of Art
Public Domain (via Wikimedia Commons)

은제 접시에 놓인 아티초크와 여러 은제 물품들이 있는 정물
Alexander Adriaenssen (1587 - 1661)
Still Life with Artichokes in a Silver Gilt Wine Cistern and Other Silver Objects, 1647
Public Domain
Wikimedia Commons

추기경 연회의 설탕 조각
Pierre-Paul Sevin,
Banquet Table with Trionfi, arranged for Cardinal Leopold de' Medici, 1667
Illustration, National Museum of Stockholm
Public Domain

식당 모습
Peter Candid - January circa 1610
Tapestry
Munich Residence
Public Domain
Source: Wikimedia Commons

둥근 주름 칼라 의상: 기즈 공, 로렌의 앙리 1세의 초상
Portrait of Henry I of Lorraine, Duke of Guise, anonymous, c.1585
Musée Carnavalet, Paris

Public Domain (CC0)

둥근 주름 칼라 의상: 이사벨라 클라라 에우헤니아 공주의 초상
Frans Pourbus the Younger (1569 – 1622)
Portrait of Isabella Clara Eugenia of Spain
17th century, oil on panel Groeningemuseum, Bruges Public Domain

카트린 드 메디시스
Atelier of François Clouet
Portrait of Catherine de' Medici, c.1565
Oil on panel
Musée Carnavalet, Paris
Public Domain

냅킨 접는 방법 소개 책자
Mattia Giegher (c.1589 – 1632)
Le tre trattati : trattato delle piegature, 1639
Engraving
Public Domain
Source: Wikimedia Commons

<Chapter 4>

사냥물과 채소가 있는 정물
Adriaen van Utrecht
Still Life with Games and Vegetables, 1648
Oil on canvas
National Museum of Western Art, Tokyo
Public Domain

죽은 새가 있는 정물
Christoffel van den Berghe
Still Life with Dead Birds, 1624
Oil on canvas
The J. Paul Getty Museum, Los Angeles

Public Domain

『프랑스 요리사』 표지
François Pierre de La Varenne
Le Cuisinier françois, 2nd edition, 1652
Paris: Pierre David
Public Domain
Source: Wikimedia Commons

바위에 놓인 사냥새가 있는 정물
Joannes Hermans
Still Life of Game Birds Resting on a Rock Ledge, c.1644 – 1675
Oil on canvas
Private collection (formerly Sotheby's, New York) Public Domain

은제 투린
Jean-Baptiste-Siméon Chardin
The Silver Tureen (La Soupière d'argent), c.1728 – 1730
Oil on canvas
The Metropolitan Museum of Art, New York
Public Domain

투린이 있는 정물
Paul Cézanne
Nature morte à la soupière, c.1884
Oil on canvas
Musée d'Orsay, Paris
Public Domain
Source: Wikimedia Commons

은 조각상으로 만든 쉬르투 드 타블
Juste-Aurèle Meissonnier
Projet de sculpture en argent d'un grand surtout de table et les deux terrines,
1742 – 1748
Etching on paper
Cooper Hewitt, Smithsonian Design Museum

Public Domain

루이 13세가 성령기사단을 위해 베푼 만찬의 모습
Abraham Bosse
Banquet Given by the King to the New Knights, 1633. Etching and engraving.
Courtesy of the National Gallery of Art, Washington, D.C. Public Domain (CC0).

루이 14세의 그랑 쿠베르 모습
Dîner du Roi en Janvier 1687
Gravure, 1688
Unknown author
Public Domain
Source: Wikimedia Commons

사냥터의 식사
Jean-François de Troy
Le Repas de Chasse (A Hunting Meal), 1737
Oil on canvas, Louvre Museum
Public Domain
Source: Wikimedia Commons

18세기 부르주아 가정의 아침 식사 모습
François Boucher, Morning Coffee, 1739
Oil on canvas
Louvre Museum, Paris
Public Domain
Source: Wikimedia Commons

1800년에 발간된 책의 주방 삽화
Turnspit Dog Working, 1799
Henry Wigstead
Engraving
Public Domain
Source: Wikimedia Commons

주방의 모습
Martin Dichtl (attributed) Still-life with kitchen ware Oil on copper, 17th century
Public Domain
Source: Wikimedia Commons

농민의 식사
Louis Le Nain (1593 – 1648)
or Antoine Le Nain (1588 – 1648)
Bauernmahlzeit
Oil on canvas, 1642
Public Domain
Source: Wikimedia Commons

검소한 식사
Pasto frugale
Maestro della tela jeans
Oil on canvas, late 17th century
Public Domain
Source: Wikimedia Commons
Collection: Galleria Canesso, Paris

집 안에 있는 농부들
Adriaen van Ostade (1610 – 1685) Peasants in an Interior, 1661
Oil on copper Rijksmuseum, Amsterdam Public Domain
Source: Wikimedia Commons

농부 가족의 식사 시간
Jan Steen
A Peasant Family at Meal-time (Grace before Meat) Oil on canvas, c. 1665
Collection: National Gallery, London
Public Domain
Source: Wikimedia Commons

< Chapter 5 >

분노한 여인들의 행진
Anonyme, graveur, 1789
À Versailles à Versailles, du 5 octobre 1789
Estampe, eau-forte coloriée
Musée Carnavalet, Histoire de Paris
Public Domain (CC0 1.0) Source: Wikimedia Commons

최초의 레스토랑 블랑제
Thomas Shotter Boys
Corner of rue Bailleul and rue Jean Tison, 1831
Watercolour on paper
Public domain
Source: Wikimedia Commons

< Chapter 6 >

알렉상드르 발타자르 로랑 그리모 드 라 레니에르
Grimod de La Reynière
Portrait by Louis-Léopold Boilly (1761 – 1845) Oil on canvas, early 19th century
Musée Marmottan Monet
Public Domain
Source: Wikimedia Commons

『미식가 연감』 미식심사위원회
Sitzung der Gourmet-Jury, 1805
Unknown author
From: Almanach des gourmands
Public Domain
Source: Wikimedia Commons

장 앙텔름 브리야사바랭
Jean Anthelme Brillat-Savarin (1755 – 1826) Portrait, aquatint print, 18th century
Louis-Jean Allais (after Jean-Baptiste Ponce Lambert) Public Domain

Source: Wikimedia Commons

브리야사바랭의 경구 엽서
Aphorisme de Brillat-Savarin
J. Paris, early 1900s
Scan of vintage postcard
Public Domain
Source: Wikimedia Commons

마리-앙투안 카렘
Portrait d'Antonin Carême
Carl von Steuben before 1833
Public Domain
Source: Wikimedia Commons

카렘의 피에스 몽테 디자인
Antonin Carême
Pièce montée, early 19th century
Public domain
Source: Wikimedia Commons

레 트루아 프레르 프로방소 레스토랑
Les Trois Frères Provençaux restaurant, 1846
Illustrated London News
Source: happy-apicius.dijon.fr
Public Domain (published before 1930)

고급 레스토랑의 모습
Jean Béraud (1849 - 1935)
Dîner aux Ambassadeurs, c. 1880
Oil on canvas
Musée Carnavalet, Paris
Public Domain
Source: Wikimedia Commons

파리 리츠 호텔에서 저녁 식사를 하는 모습
Pierre-Georges Jeanniot (1848 – 1934)
The Dinner in the Hotel Ritz in Paris, 1904
Oil on canvas
Public Domain
Source: Wikimedia Commons

사보이 호텔 레스토랑 입구 홀의 모습
Max Cowper
The Grand Foyer of the Savoy Hotel, London circa 1900
Public Domain
Source: Wikimedia Commons (Gallica, BnF)

모네, 점심식사
Claude Monet (1840 – 1926)
The Luncheon, 1868
Oil on canvas
Public domain
Source: Wikimedia Commons

글로프 제과점
Jean Béraud
La Pâtisserie Gloppe
1889
Public Domain
Source: Wikimedia Commons

식탁에 둘러앉은 농부 가족
Jozef Israëls (1824 – 1911)
Peasant Family at the Table, 1882
Oil on canvas
Public domain
Source: Wikimedia Commons

므니에 초콜릿 광고
Firmin Bouisset (1859 – 1925)

Chocolat Menier, 1892
Chromolithograph
Public domain
Photograph: Benjamin Gavaudo
Source: Wikimedia Commons

< **Chapter 7** >

에스코피에
Auguste Escoffier
Photograph of Auguste Escoffier, 1914
Source: The gourmet's guide to London (1914) Public domain
via Wikimedia Commons

자동차를 타고 있는 두 부르주아 여인의 모습
Julius LeBlanc Stewart (1855 – 1919)
Les dames Goldsmith au bois de Boulogne en 1897 sur une voiturette Peugeot,
1901
Oil on canvas
Musée national de la voiture et du tourisme, Compiègne
Public Domain
via Wikimedia Commons

1900년에 최초로 발간된 미슐랭 가이드
Anonymous
Guide Michelin, Édition 1900
Published 1900
Public domain
Source: Wikimedia Commons